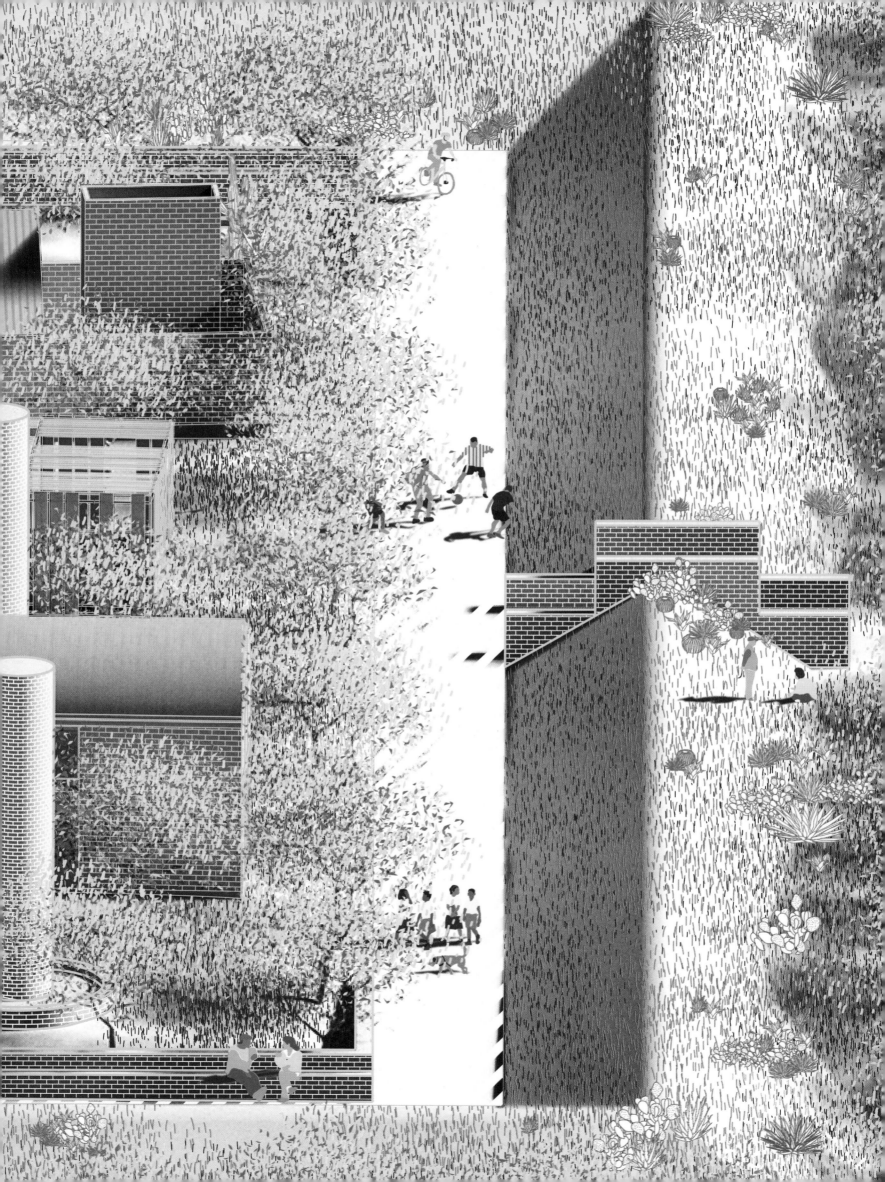

Text   Part 1   Preface
Texto   Parte 1   Prefacio

When one visits a museum that calls for the reflection of what has been constructed throughout history, the exhibited art objects are controlled and bounded, mediating any direct physical connection with the artwork. The same happens when one visits a house produced by unique circumstances. Over time it becomes our legacy. This is the case of the vernacular housing, the mansions, the haciendas, the villas of Palladio, the functionalist houses of Le Corbusier and the more organic ones of Wright, the glass houses of Johnson, Saarinen, Mies van der Rohe and the Eames or the exercises of the Bauhaus, the Wiesenhof, the Case Study Houses of California and the houses of Juan O'Gorman or Luis Barragán, among other notable examples.

Housing for the most disadvantaged continues to be the challenge of cities; it is estimated that in Mexico more than one million homes are required per year. The question is why we are not satisfied with the construction and why housing is perceived as a problem and not as the solution to the development of the territory. Is it possible

Cuando visitamos un museo que invita a reflexionar sobre lo construido a lo largo de la historia, los objetos exhibidos se localizan en espacios delimitados por barreras que impiden la conexión sensorial y el contacto físico entre el visitante y la pieza. Lo mismo ocurre cuando visitamos una casa diseñada por algún arquitecto fundamental para la historia moderna que a lo largo de los años fue habitada bajo circunstancias extraordinarias y que con el tiempo se vuelve patrimonio. Este es el caso de la vivienda vernácula, las mansiones, las haciendas, las villas de Palladio, las casas funcionalistas de Le Corbusier y las más orgánicas de Wright, las casas de cristal de Johnson, Saarinen, Mies van der Rohe y los Eames o los ejercicios de la Bauhaus, el Wiesenhof, las Case Study Houses de California y las casas de Juan O'Gorman o Luis Barragán, entre otros ejemplos destacados.

Las ciudades siguen enfrentando el reto de construir vivienda para los más desfavorecidos. Se estima que en México se requieren más de un millón de viviendas al año. La pregunta es por

that the idealization of certain constructed structures are not considered in the design of public housing policies or in the transition from rendering, to paper and idea? Is it easier to describe the benefits of bamboo and wood while listening to them crack or mature over time? Are the materials we use to finance housing renewable and sustainable? When observing a brick wall, it is recognized that the material is more efficient, and even more so when it is left intact and exposed to the elements. Does the relationship and mix of typologies make us reflect on the monotony of serial construction? Can you prove that the thermal comfort of a house is a fundamental element for living? Is the window a norm or a source of light and ventilation? Is the foundation the base or the threshold that makes contact with the territory? Is the vegetation ornament or need?

These questions, indicators and historical analysis are fundamental for the Center for Research for Sustainable Development (CIDS) and motivated the creation of a laboratory to design and inhabit 32 housing prototypes based on the ideal

qué no nos satisface lo construido y por qué se percibe la vivienda como un problema y no como la solución al desarrollo del territorio. ¿Es posible que la idealización de ciertas estructuras construidas no se considere en el diseño de políticas públicas de vivienda o en la transición del render, al papel y la idea? ¿Es más fácil describir las bondades del bambú y la madera mientras se les escucha crujir o madurar con el paso del tiempo? ¿Acaso los materiales que usamos para financiar vivienda son renovables y sustentables? Al observar un muro de ladrillo, se reconoce que el material es más eficiente y más aún cuando se deja intacto y a la intemperie. ¿La relación y mezcla de tipologías nos hacen reflexionar sobre la monotonía de la construcción en serie? Se puede demostrar que la comodidad térmica de una casa es un elemento fundamental para habitarla? ¿La ventana es una norma o una fuente de luz y ventilación? ¿Los cimientos son la base o el umbral que hace contacto con el territorio? ¿La vegetación es ornamento o necesidad?

Estas preguntas, indicadores y análisis históricos

construction of the Infonavit when the "experimental centers of housing" were created in the eighties. The current project was developed by CIDS and MOS (Michael Meredith and Hilary Sample) and includes a welcome center that houses scale models, plans, workshops, auditorium, dining room and library. The assembled houses are born from an open call with the participation of more than 400 registered teams in a list of specialists interested in social housing and the territory. The selection of 84 teams formed the program "Territory of the Inhabitant," from which 32 were built for the use and dissemination of the laboratory. The scope includes container and content, that is to say, the interior furniture as a main component of the living space.

We should learn to reduce risks, use atlases, indicators, data, evidence and other cartographies from official sources, as well as those generated by the CIDS, as a basis for the planning and development of financing solutions for housing. Infonavit is increasingly positioned as a leader in research, academic linkage, innovation and

son fundamentales para el Centro de Investigación para el Desarrollo Sustentable (CIDS) y motivaron la creación de un laboratorio para diseñar y habitar 32 prototipos de vivienda con base en la construcción ideal del Infonavit cuando se crearon los "centros experimentales de vivienda" en la década de los ochenta. CIDS y MOS (Michael Meredith y Hilary Sample) desarrollaron el proyecto actual que incluye un centro de bienvenida que alberga maquetas, planos, talleres, auditorio, comedor y biblioteca. Las viviendas ensambladas nacen de una convocatoria abierta en la que participaron más de 400 equipos registrados en un padrón de especialistas interesados en la vivienda social y el territorio. La selección de 84 equipos conformó el programa "El territorio del habitante" a partir del cual se construyen 32 proyectos para el uso y difusión del laboratorio. El alcance abarca el contenedor y el contenido, es decir, el mobiliario interior como componente primordial del espacio habitable.

Debemos de aprender a reducir riesgos, utilizar atlas, indicadores, datos, evidencia y otras

knowledge dissemination specialized in housing and sustainable cities.

cartografías de fuentes oficiales, así como los generados por el CIDS, como base para la planeación y el desarrollo de soluciones de financiamiento para la vivienda. El Infonavit cada vez más se posiciona como líder de investigación, vinculación académica, innovación y divulgación de conocimientos especializados en vivienda y ciudades sustentables.

The 32 projects selected exhibit an architecture of primary (architectural) elements, straightforward geometries and proportions. Each proposal exhibits potential for growth by aggregation, simple repetition, or various strategies of extension, infill, and addition. It was important to consider how these proposals, assembled into a collective, would work together toward creating not an estate but a community for Apan.

The selection process revealed various categories and themes for which the projects could be classified. Some projects rethink the fundamentals of low-income housing's spatial organization (corridors, courtyards, roofs), some rework labor and construction, and some recast structure or material. The forms of these works are generally economical but, unlike early-modernist projects at the Weissenhof Estate, their attitude is not one of a radical break. Today's public will not protest flat (or pitched) roofs, and today's architects will not claim to usher in a new style. If anything, these works relate to the vast, varied world of vernacular construction—to the majority of

Los 32 proyectos seleccionados muestran una arquitectura de elementos arquitectónicos primarios, con geometrías y proporciones sencillas. Cada propuesta exhibe un potencial de crecimiento por agregación, repetición simple o varias estrategias de ampliación, relleno y adición. Fue importante considerar cómo estas propuestas, reunidas en un colectivo, trabajan juntas para crear no un fraccionamiento sino una comunidad para Apan.

El proceso de selección reveló varias categorías y temas en los que se podían clasificar los proyectos. Algunos proyectos reconsideran los fundamentos de la organización espacial de las viviendas para personas de bajos ingresos (corredores, patios, tejados), otros proyectos reformulan el trabajo y la construcción, otros reformulan la estructura o los materiales. Las formas de estas obras son generalmente económicas, pero, a diferencia de los proyectos modernistas tempranos en la colonia Weissenhof, no tienen la actitud de una ruptura radical. El público de hoy no va a protestar por los techos planos (o inclinados)

the built world that Architecture glosses over. Specifically, each house here responds to one of Mexico's nine climatic conditions. At first glance, many of these works may not appear radically different from existing low-income housing. But upon closer study, the ingenuity of the selected projects becomes apparent as they become part of a larger whole and retain their individual identities.

The problem of low-income housing demands the thoughtful attention and expertise of architects like those included here. For, given the limited resources of such works, each decision gains greater significance and has greater impact on the design and on the life of its inhabitants.

y los arquitectos de hoy no pretenderán argumentar que están introduciendo un nuevo estilo.
En cualquier caso, estos trabajos se relacionan con el vasto y variado mundo de la construcción vernácula, con la mayor parte del mundo construido que la arquitectura pasa por alto Específicamente, en el Laboratorio, cada casa responde a una de las nueve condiciones climáticas de México. A primera vista, muchos de estos trabajos pueden no parecer radicalmente diferentes de las viviendas de interés social existentes. Sin embargo, un estudio más detallado revela que el ingenio de los proyectos seleccionados se hace evidente a medida que se vuelven parte de un todo más amplio y, a la vez, retienen sus identidades individuales.

El problema de la vivienda de interés social exige la atención y la experiencia de arquitectos como los que aquí se incluyen. Debido a los recursos limitados de las obras, cada decisión adquiere mayor importancia y tiene un mayor impacto en el diseño y en la vida de los habitantes.

17   Michael Meredith, Hilary Sample

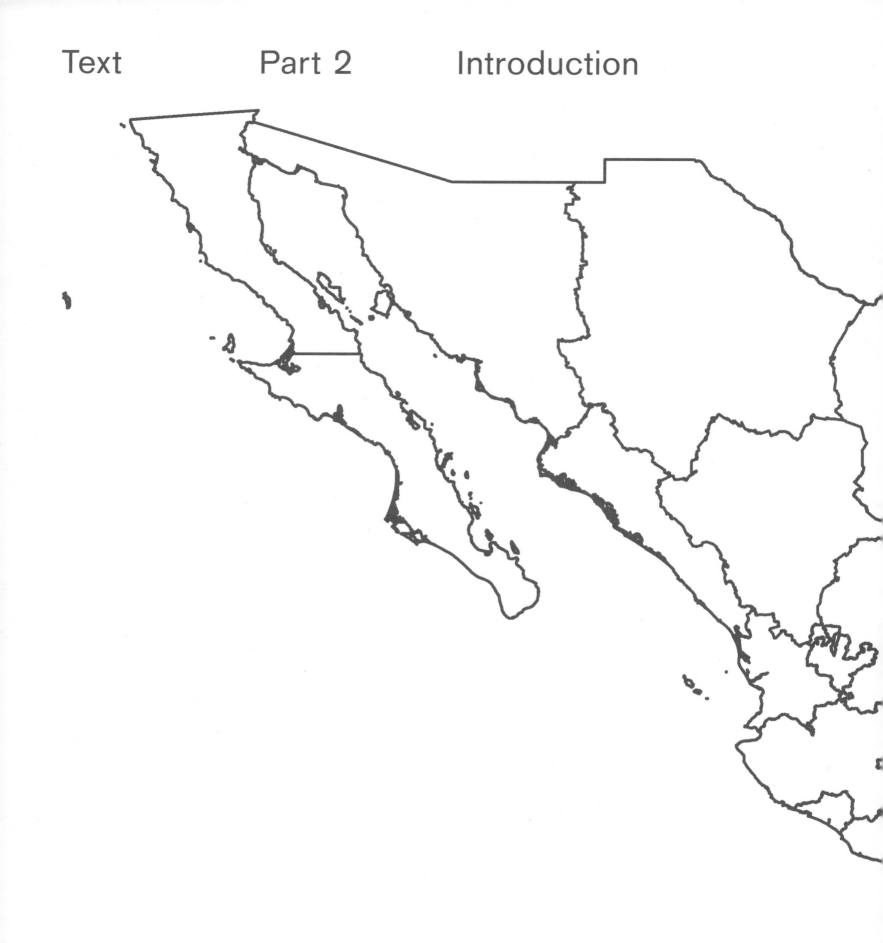

State of Hidalgo
Estado de Hidalgo

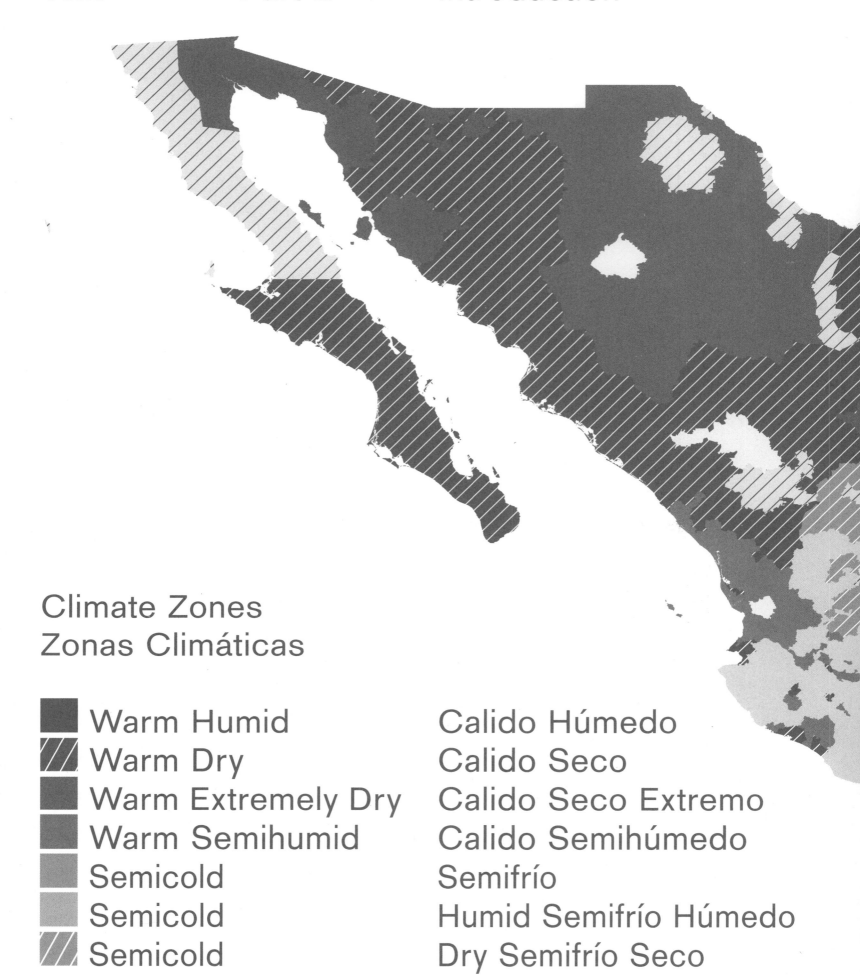

Climate Zones
Zonas Climáticas

�+	Warm Humid	Calido Húmedo
▨	Warm Dry	Calido Seco
▪	Warm Extremely Dry	Calido Seco Extremo
▪	Warm Semihumid	Calido Semihúmedo
▪	Semicold	Semifrío
▪	Semicold	Humid Semifrío Húmedo
▨	Semicold	Dry Semifrío Seco

Temperate   Templado
Temperate Humid   Templado Húmedo
Temperate Dry   Templado Seco

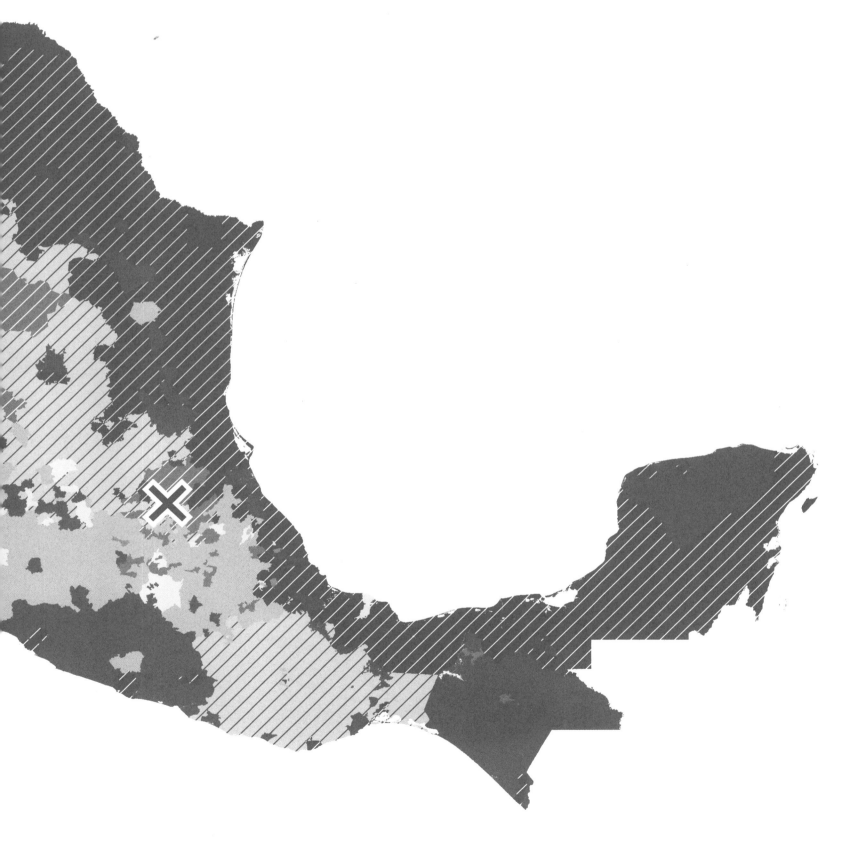

City of Apan
Ciudad de Apan

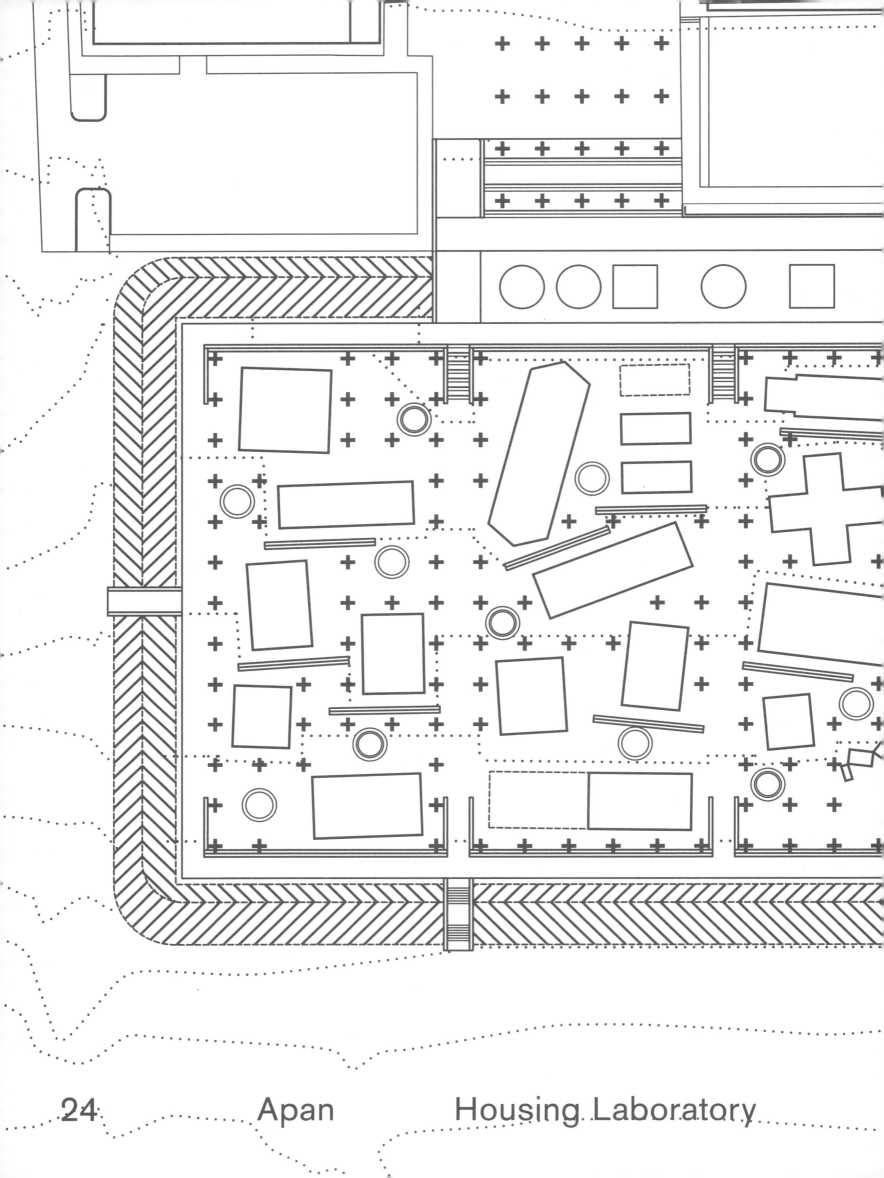

Apan Housing Laboratory

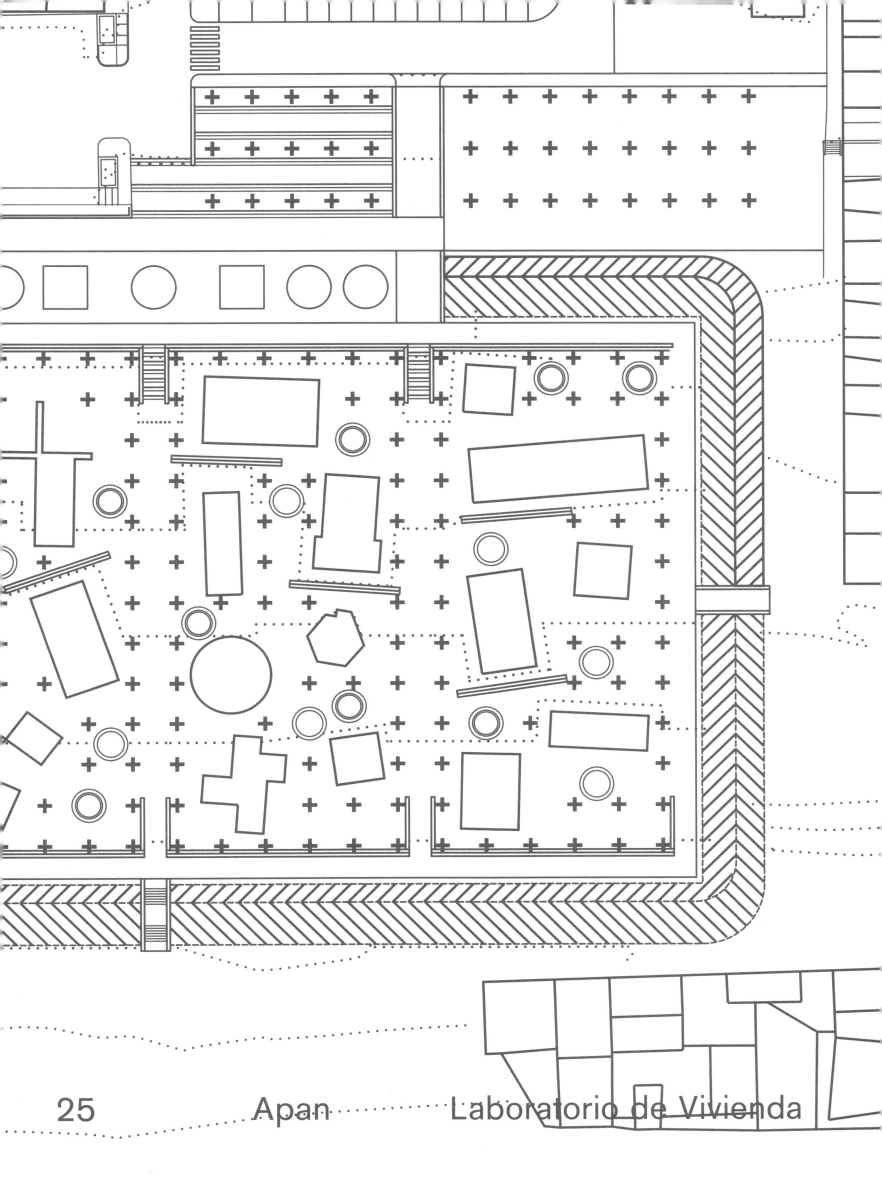

Text   Part 3   Buildings
Texto   Parte 3   Edificios

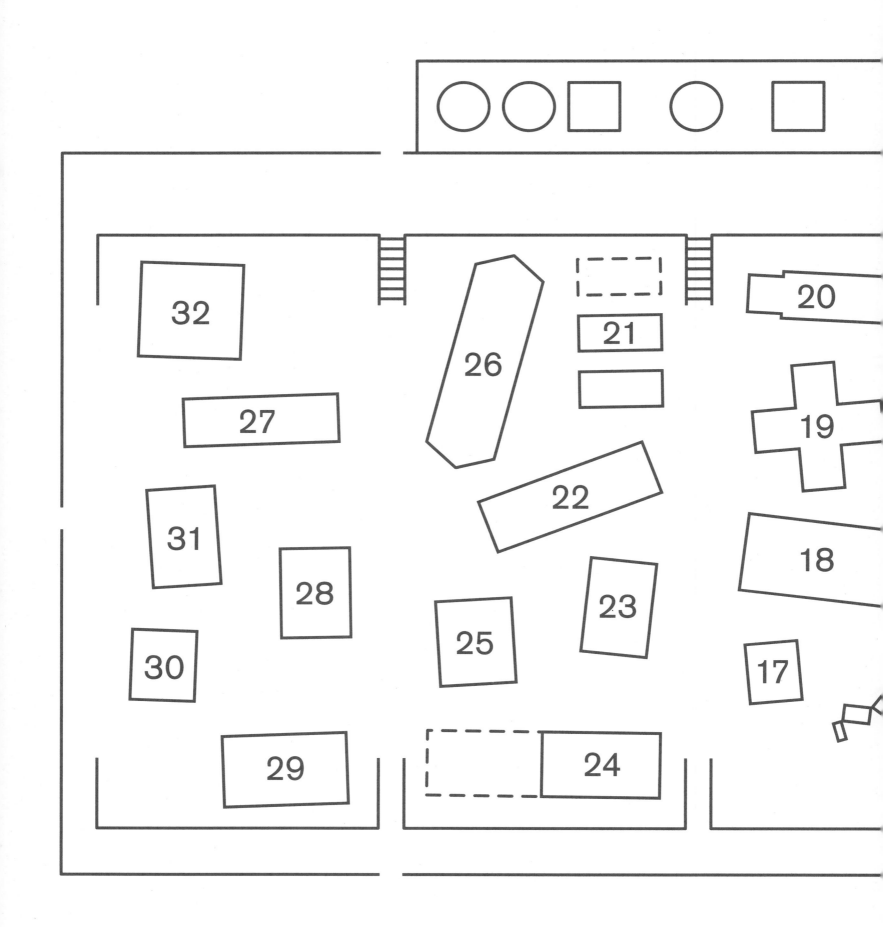

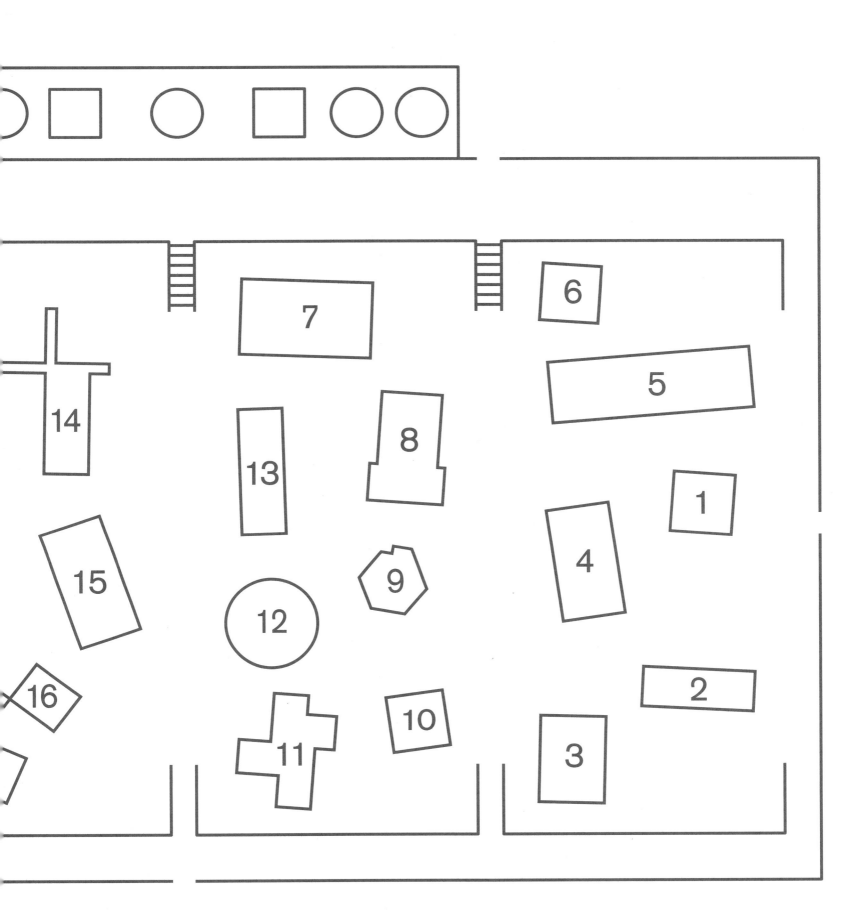

1

DVCH DeVillarChacon Arquitectos

Understanding occupation of any house to be ephemeral, the proposed housing unit does not construct its structure with permanent members. Instead, the structure and cladding materials of this dwelling are rented, moved with their owner, recycled, or entirely demountable. (Enclosing materials may be climate–, inhabitant–, and program-specific or variable). A system of scaffolding envelops all living spaces. Cost-effective and modular, this system allows for expansion in all directions, including upwards to ventilated, double-height spaces. This house can grow, move locations, and if necessary, even disappear.

MOS notes: This project's primary element is its construction system, reminiscent of the ad-hoc scaffolds common to building construction. Reflecting this constructive character, unit growth occurs through the expansion, customization, or demounting of this modular structure and the panelized, ceramic, or textile materials attached to it. This colorful, piecemeal construction will be in strong contrast to surrounding homes and urban conditions. A reflection of the house's ad-hoc enclosure, overall transparency and social character are both dependent on inhabitant(s).

State: Oaxaca
Municipality: Santa María Atzompa
Climate: Temperate Dry
House Price: 292,897.49
Constructed Surface: 54.00 M²
Floor-to-ceiling height: 6.25 M
Roof Type: Flat
Orientation: —
Growth Option(s): Horizontal

Wall Type: Partition Walls in Fabric; or, Membranes, Ceramic, Wood, or Other Preferred Materials
Floor Type: Modular Scaffold Flooring in 19, 32, 61, or 307 cm
Structure: Galvanized Steel Scaffolding; Foundation in Cement-filled Water Bottles
Roofing: Galvanized Metal Sheeting
Details: —
Finishes: Tenant Initiated

En el entendido de que la ocupación de cualquier casa es efímera, la estructura de la unidad de vivienda propuesta no está construida con elementos permanentes. En cambio, la estructura y los materiales de revestimiento de esta vivienda son alquilados, se pueden trasladar junto con los propietarios, se reciclan o son completamente desmontables. (Los materiales de revestimiento pueden ser variables o depender del clima, de los habitantes y del programa). Un sistema de andamios envuelve todos los espacios de la vivienda. Económico y modular, este sistema permite la expansión en todas las direcciones, incluyendo hacia arriba hacia espacios ventilados de doble altura. Esta casa puede crecer, cambiar de lugar y, en caso de ser necesario, incluso desaparecer.

Notas de MOS: El elemento principal de este proyecto es su sistema de construcción, que recuerda a los andamios diseñados específicamente que caracterizan a la construcción de edificios. Como reflejo de este carácter constructivo, la unidad se amplía a través de la expansión, personalización o desmontaje de esta estructura modular y de los materiales de textiles, cerámica o paneles que la acompañan. Esta construcción colorida y fraccionada contrastará intensamente con las viviendas y las condiciones urbanas circundantes. Reflejando la contención ad-hoc de la casa, la transparencia general y el carácter social de la casa dependen de los habitantees.

Estado: Oaxaca
Municipio: Santa María Atzompa

Clima: templado seco
Precio: 292,897.49
Superficie construida: 54.00 M²
Altura del piso al techo: 6.25 M
Tipo de techo: plano
Orientación: —
Opción(es) de ampliación: horizontal

Tipo de pared: paredes divisorias de tela, membranas, cerámica, madera, u otros materiales preferibles
Tipo de piso: piso de andamiaje modular de 19, 32, 61, o 307 cm
Estructura: andamiaje de metal galvanizado. Cimientos de botellas plásticas rellenas de cemento
Techo: lámina de metal galvanizado
Detalles: —
Acabados: a iniciativa de los habitantes

2

Frida Escobedo

This house is designed to work in both the rural and urban contexts. It is economically built with durable materials. The ends are kept open for light and air, and could be set in the middle of the lot as an object or at the edge of a lot defining an inside and outside. It could be with a porch or not, a decision to be made by the owner. The envelope was designed to be large enough that it could be divided within, both in plan and section. We are interested in challenging the idea of how family structure is understood, because it's not just a mother, father and two kids. Sometimes there is a grandmother and perhaps a younger uncle, or an extended family coexisting together. Why three or four kitchens if you need just one? This is a space and a platform for the family to organize itself in many different ways.

MOS Notes: The house is a large singular space, a shell that provides shelter. It is something that is meant to grow and change on the inside. It could be segmented into many rooms (up to three bedrooms). Its interior could be filled with rooms as needed, creating significant density at the interior. Also, its vault form could be aggregated in the landscape like row-houses-the more you build, the less it would cost for families, as you're not repeating walls but sharing them.

> State: Guerrero
> Municipality: Taxco de Alarcón
> Climate: Warm Semi Humid
> House
> Constructed Surface: 52.11 M2
> Floor-to-ceiling height: 2.29–5.40 M
> Roof Type: Vault
> Orientation: —
> Growth Option(s): Horizontal
>
> Wall Type: Brick and Concrete
> Floor Type: Terra Cotta Tiles
> Structure: Brick and concrete
> Roofing: Concrete
> Details: Glass and streel frame windows
> Finishes:Brick, terra cotta tiles

Esta vivienda está diseñada para funcionar tanto en el contexto rural como urbano. Está construida económicamente con materiales duraderos. Los extremos se mantienen abiertos para la luz y el aire, y puede colocarse en el centro del lote como un objeto o en el margen definiendo un interior y un exterior. Podría tener un porche o no, una decisión tomada por el propietario. El envolvente fue diseñado para ser lo suficientemente grande como para poder dividirlo, tanto en planta como en sección. Nos interesa desafiar la idea de cómo la estructura de la familia es entendida, porque no solo es una madre, un padre, y dos hijos. A veces conviven juntos una abuela, quizá un tío joven, o una familia extensa. ¿Por qué tres o cuatro cocinas si necesitas solo una? Este es un espacio y plataforma para que la

familia se organice de muchas maneras diferentes.

MOS Notas: La casa es un gran espacio singular, una coraza que da refugio. Es algo que está destinado a crecer y cambiar por dentro. Podría segmentarse en muchas estancias (hasta tres dormitorios). Su interior podría llenarse con habitaciones según sea necesario, creando una densidad significativa en el interior. También, su forma de bóveda podría agregarse al paisaje como casas en hilera Cuanto más construyas, menos costará para las familias, ya que no repetirás muros si no que los compartirás.

> Estado: Guerrero
> Municipio: Taxco de Alarcon
> Clima: Casa Cálida Semi Húmeda
> Superficie Construida: 52.11 M2
> Altura del suelo al techo: 2,29–5,40 M
> Tipo de techo: Boveda
> Orientacion: -
> Opcion(es) de crecimiento: Horizontal
>
> Tipo de pared: Ladrillo y Concreto
> Tipo de piso: Baldosas de terracota
> Estructura: Ladrillo y hormigon
> Techo: Hormigon
> Detalles: Ventanas de vidrio y marco de acero.
> Acabados:Ladrillo, tejas de terracota.

3

Dellekamp Arquitectos | Derek Dellakamp & Jachen Schleich

Through a modular, wood construction system that adopts the basic, familiar principles of vernacular architectures, the proposed housing unit offers the

possibility for adaptation to different situations (programmatic, contextual, etc.). Relying on two local, readily available resources—pine wood and the aforementioned vernacular construction methods—the home is affordable, simply assembled, and easily constructed. (Without difficulty, the home may be self-built.) The proposed system is organized around three distinct spatial modules: vertical circulation, horizontal circulation, and services/living spaces. These modules may generate a variety of combinations, freely arranged according to conditions of place and inhabitant needs.

MOS notes: The primary element of this project is its vernacular, wood-frame and–clad construction. The house allows for easy, inhabitant-initiated growth or expansion through its adaptation of this vernacular; it is thoughtful in defining all spatial modules through two significantly inflexible building elements, circulation and services. Evidencing a sort of elegant modesty, the home is eminently approachable and sociable.

> State: Michoacán de Ocampo
> Municipality: San Juan Nuevo Parangaricutiro
> Climate: Temperate
> House Price: 287,467.84
> Constructed Surface: 84.12 M^2
> Floor-to-ceiling height: 2.29–5.40 M
> Roof Type: Flat; Gable
> Orientation: —
> Growth Option(s): Horizontal
>
> Wall Type: Wood Frame
> Floor Type: Elevated Platform; Framed Floor with OSB
> Structure: Pine Framing
> Roofing: Corrugated Fiberglass Lamination or Metal Sheathing
> Details: —
> Finishes: —

A través de un sistema modular de construcción de madera que adopta los principios básicos y familiares de las arquitecturas vernáculas, la unidad de vivienda propuesta ofrece la posibilidad de adaptarse a diferentes situaciones (programáticas, contextuales, etc.). Con base en dos recursos locales fácilmente disponibles: la madera de pino y los métodos de construcción vernácula antes mencionados, la casa es asequible, se ensambla y construye con facilidad. (Se puede auto-construir la casa sin dificultades). El sistema propuesto se organiza en torno a tres módulos espaciales distintos: la circulación vertical, la circulación horizontal y los servicios/espacios vitales. Estos módulos pueden generar una variedad de combinaciones, organizadas libremente de acuerdo con las condiciones del lugar y las necesidades de los habitantes.

Notas de MOS: El elemento principal de este proyecto es su construcción vernácula, su estructura de madera y sus revestimientos. La casa permite una ampliación o expansión fácil, por iniciativa de los habitantes a través de su construcción vernácula adaptativa; todos los módulos espaciales están pensados a través de dos elementos de construcción significativamente inflexibles: la circulación y los servicios. Mostrando una modestia elegante, la casa es eminentemente accesible y promueve la socialización.

Estado: Michoacán de Ocampo
Municipio: San Juan Nuevo Parangaricutiro
Clima: templado
Precio de la casa: 287,467.84
Superficie construida: 32.04 M²
Altura del piso al techo: 2.29–5.40 M
Tipo de techo: plano; de dos aguas
Orientación: —
Opción(es) de ampliación: horizontal

Tipo de pared: estructura de madera
Tipo de piso: plataforma elevada; piso enmarcado con estructura de tableros de madera OSB
Estructura: enmarcado de pino
Tipo de techo: láminas acanaladas de fibra de vidrio o láminas de metal
Detalles: —
Acabados: —

4

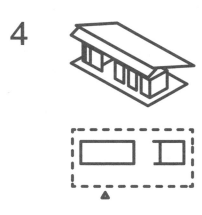

Rozana Montiel Estudio de Arquitectura

Redesigning the traditional Morelos dwelling as a large semi-open space with a multifunctional roof, this proposal expands from single-storey local precedents to include a second-level terrace. Constructed in simple, readily available materials (bamboo, CMU) and acknowledging current living patterns, this truss-frame terrace is meant to be used for cooking, eating, and sleeping. Divided by a double-height, semi-open dining room and kitchen, the terrace maintains a connection with the rest of the house. The dwelling is fronted by a covered patio housing more public social functions like sleeping, dining, play, etc.

MOS notes: Innovative in its tectonic and material rethinking, this project's primary element is its bamboo-truss canopy. Sloping downward to simultaneously enclose the ground-floor patio and open up second-floor loft space, this roof defines a clear front and back for the house. If not entirely social, the home is resolutely open, offering minimal enclosure of living spaces while foregrounding public and private outdoor living. All unit growth, exceedingly simple to construct, will see the duplication of existing bamboo truss elements.

State: Morelos
Municipality: Xochitepec
Climate: Temperate Humid
House Price: 276,311.36
Constructed Surface: 83.00 M²
Floor-to-ceiling height: 4.35 M
Roof Type: Shed
Orientation: N–S
Growth Option(s): Vertical

Title: Portico House (Casa Portico)

Wall Type: CMU or Bamboo Biopanels
Floor Type: Bamboo and Plywood, Polished Concrete
Structure: Bamboo Members and Panels
Roofing: Recycled Polyethylene Sheets (or Metal Sheathing)
Details: —
Finishes: Bamboo, Stucco

Esta propuesta rediseña la tradicional casa habitación del estado de Morelos como un gran espacio semiabierto con un techo multifuncional. Expande la casa típica de una sola planta, para incluir una terraza en el segundo nivel. Construida con materiales sencillos, fácilmente disponibles (bambú, bloque de hormigón) y reconociendo los patrones de vida actuales, esta terraza con armazón de madera está destinada a ser utilizada para cocinar, comer y dormir. Dividida por un comedor y cocina de doble altura, semiabiertos, la terraza mantiene una conexión con el resto de la casa. A la casa le antecede un patio cubierto que alberga más funciones sociales públicas, como dormir, comer, jugar, etc.

Notas de MOS: Basado en un innovador replanteamiento tectónico y material, el elemento principal de este proyecto es su techo con un armazón de bambú. La inclinación del techo encierra el patio de la planta baja y, a la vez, abre el espacio del desván del segundo piso, definiendo con claridad las parte anterior y posterior de la casa. Aunque el programa de la cas no esté completamente orientado a la socialización, la casa está resueltamente abierta, ofreciendo un mínimo de espacios encerrados, mientras se pone en primer plano la vida tanto pública como privada al aire libre. Cualquier ampliación de la unidad, extremadamente simple de construir, implicará duplicar los elementos existentes del armazón de bambú.

Estado: Morelos
Municipio: Xochitepec
Clima: templado húmedo

Precio: 276,311.36
Superficie construida: 79.69 M²
Altura del piso al techo: 4.35 M
Tipo de techo: cobertizo
Orientación: N–S
Opción(es) de ampliación: vertical

Tipo de pared: bloque de hormigón o biopaneles de bambú
Tipo de piso: bambú y triplay, cemento pulido
Estructura: vigas y paneles de bambú
Techo: láminas de polietileno reciclado (o láminas de metal)
Detalles: —
Acabados: bambú y estuco

5

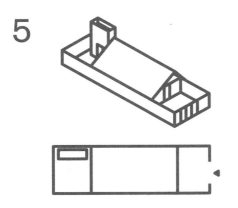

Ambrosi | Etchegaray

This housing proposal is largely based on two minimum elements understood as requirements for the making of a house: the wall and the roof. While the former delimits private property, the latter offers shelter from sun, rain, and the elements. Designed so that the resident can expand residential space herself or himself through the construction of nonstructural, demountable, and low-cost interior partitions, a base unit collects all programming under a single, clear-span roof. Growth of this element and the personalization of spaces underneath eliminate the standard, repetitive, and impersonal aspects of existing housing types.

MOS notes: This project expresses each of its primary elements—reduced to the bare essentials of roof, truss, walls, and floor—in distinct materials. All unit growth extends these elements along the project's length, *housing all spaces within a single, clear-span volume. The solidity of exterior, structural walls again suggests an infill site but presents no front or back, creating an internalized site. Free planning of interior partitions and large barn doors on the project's perimeter wall suggest a variable or conditional, contextual social stance.*

State: Chiapas
Municipality: Villaflores
Climate: Warm Semihumid
House Price: 218,387.56
Constructed Surface: 69.20 M²
Floor-to-ceiling height: 2.19 M
Roof Type: Gable
Orientation: E–W
Growth Option(s): Vertical; Horizontal

Wall Type: CMU Partition Wall
Floor Type: Concrete Slab
Structure: CMU
Roofing: Metal Frame with Corrugated Metal Sheathing
Details: Water-collection System
Finishes: —

Esta propuesta de vivienda se basa en gran medida en dos elementos mínimos que se entienden como requisitos para hacer una casa: las paredes y el techo. Mientras que las paredes delimitan la propiedad privada, el techo protege contra el sol, la lluvia y los elementos. Diseñada para que los residentes puedan ampliar el espacio residencial por sí mismos a través de particiones interiores no estructurales, desmontables y de bajo costo, una unidad base contiene todo el programa bajo un solo techo de luz libre. La ampliación de este elemento y la personalización de espacios localizados debajo del techo, eliminan los aspectos estándar, repetitivos e impersonales de los tipos de vivienda existentes.

Notas de MOS: Este proyecto expresa cada uno de sus elementos principales, reducidos a los elementos esenciales del techo, armazón, paredes y piso, en materiales distintos. Cualquier ampliación de la unidad extiende estos elementos a lo largo del proyecto, alojando todos los espacios dentro de un único volumen bajo un solo techo de luz libre. La solidez *de las paredes exteriores estructurales sugiere de nuevo un sitio de relleno, aunque no se diferencia la parte anterior de la posterior, creando así un sitio interiorizado. La planeación libre de las divisiones interiores y las grandes puertas de granero en el muro perimetral del proyecto sugieren una posición social contextual variable o condicional.*

Estado: Chiapas
Municipio: Villaflores
Clima: cálido semihúmedo
Precio: 218,387.56
Superficie construida: 69.20 M²
Altura del piso al techo: 2.19 M
Tipo de techo: de dos aguas
Orientación: E–O
Opción(es) de ampliación: vertical; horizontal

Tipo de pared: pared divisoria de bloque de hormigón.
Tipo de piso: losa de concreto
Estructura: bloque de hormigón
Techo: estructura de lámina corrugada de metal
Detalles: sistema de recolección de agua
Acabados: —

6

Zooburbia

Mexico's housing can be understood as partly an infrastructural problem, defined by the precarious access to basics like potable water and electricity. This proposal imagines a CMU and cast-concrete water tower or tank house. Basic units are equipped with underground and elevated water-storage tanks that hold enough water to meet the weekly intake of 160 people (35 families).

Notes: Capable of storing and distributing water to up to 35 residences, of greatest significance in this project is its social-infrastructural contribution. Scaling up vernacular, rooftop water storage—that is, *tinaco*—the unit's primary element is its particular contents; the urban impact of traditional rooftop water tanks is similarly exaggerated in the monumental verticality of this four-storey water tower. Reflecting its social-infrastructural origin, this unit is only duplicated with an increase in communal needs or an expansion of its distribution network.

State: Campeche
Municipality: Champoton
Climate: Warm humid
House Price: 321,606.17
Constructed Surface: 61.20 M²
Floor-to-ceiling height: 3.15–4.10 M
Roof Type: Flat
Orientation: N–S–E–W
Growth Option(s): Interior

Title: The Water Tower

Wall Type: CMU
Floor Type: Exposed Concrete Slab
Structure: CMU; Concrete Slab and Joists
Roofing: Concrete Slab
Details: Cedar Doors and windows
Finishes: Whitewash or Lime Paint

En el entendido de que la vivienda en México es en parte un problema infraestructural, definido por el acceso precario a servicios básicos como agua potable y electricidad, esta propuesta imagina una torre de agua de bloques de hormigón y concreto colado o una casa tanque. Las unidades básicas están equipadas con cisternas tanto subterráneas como elevadas para almacenar agua, que contienen suficiente agua para satisfacer las necesidades semanales de 160 personas (35 familias).

Notas de MOS: Con capacidad para almacenar y distribuir agua a hasta 35 residencias, en este proyecto resulta de gran importancia su contribución a la infraestructura social. Ampliar el almacenamiento vernacular de agua en la azotea, el tinaco, el elemento principal de la unidad es su contenido particular; el impacto urbano de los tradicionales tinacos de agua en la azotea es igualmente exagerado en la verticalidad monumental de esta torre de agua de cuatro pisos. Como reflejo de su origen infraestructural social, esta unidad sólo se duplica con un aumento de las necesidades comunitarias o una expansión de su red de distribución.

Estado: Campeche
Municipio: Champoton
Clima: cálido húmedo
Precio: 321,606.17
Superficie construida: 61.20 M²
Altura del piso al techo: 3.15–4.10 M
Tipo de techo: plano
Orientación: N–S–E–O
Opción(es) de ampliación: interior

Título: La torre de agua

Tipo de pared: bloque de hormigón
Tipo de piso: losa de concreto expuesto
Estructura: bloque de hormigón; losa y vigas de hormigón
Detalles: puertas y ventanas de cedro
Acabados: encalado

7

Zago Architecture

A single-story concrete block residence, the Self-Designed House is designed for construction by its owners. Arranged around two courtyards—one a semi-public forecourt and the other a private garden—the home expands already generous interior living spaces toward the exterior. Fronting the fully glazed main living volume (housing the kitchen, dining, and bathroom spaces), this semi-public courtyard doubles available living space while encouraging a more public, less inwardly focused exterior living. Bedrooms filling a second volume open to the second, gardened courtyard. Despite its walled edges, the house claims a more civic presence through its brightly colored metal roof, set at an angle to the rest of the house, and through perforated block coursing that softens perimeter enclosure.

MOS notes: The primary element of this project is its roof. Thoughtfully rotated over the residence's two volumes, this roof defines two courtyards at the extremes of the house's sociality: semi-public and entirely private. Extending beyond the home's perimeter wall, this roof simultaneously tempers the severity of the perimeter wall, instead presenting this primary element as an object for viewing in the round. Any growth will not occur within this base unit, but instead with new construction or unit duplication.

State: Tlaxcala
Municipality: Nanacamilpa de Mariano Arista
Climate: Temperate
House Price: —
Constructed Surface: 43.62 M²
Floor-to-ceiling height: 4.1 M
Roof Type: Shed/Other
Orientation: —
Growth Option(s): —

Title: Self-Designed House

Wall Type: CMU
Floor Type: Exposed Concrete with Polyurethane Seal
Structure: CMU
Roofing: Wood-framed with Corrugated Metal
Details: Wood Doors and Windows
Finishes: —

Una residencia de bloque de hormigón de una sola planta, la Casa Autodiseño está diseñada para que los mismos propietarios la construyan.

Organizada alrededor de dos patios—un patio semipúblico anterior y un jardín privado—espacios interiores ya de por sí generosos de la casa, se expanden hacia el exterior. Frente al volumen principal del espacio habitacional completamente acristalado (que alberga la cocina, el comedor y los baños), el patio semipúblico duplica el espacio habitacional disponible y, paralelamente, fomenta una vida exterior más pública y menos enfocada hacia el interior. Las recámaras ocupan el segundo volumen que se abre al segundo patio que funciona como jardín. A pesar de estar bordeada de muros, la casa tiene una presencia más cívica a través de su techo de metal de colores vivos, colocado en ángulo con respecto al resto de la casa, y a través de bloques perforados que suavizan el recinto perimetral.

Notas de MOS: El techo es el elemento principal de este proyecto. Rotado deliberadamente sobre los dos volúmenes de la residencia, este techo define los dos patios que marcan los extremos de la socialización que se da en la casa: un espacio semipúblico y otro totalmente privado. Extendiéndose más allá del muro perimetral de la casa, este techo simultáneamente atenúa la severidad del muro perimetral, en vez de presentar este elemento principal como un objeto a ser visto desde la periferia. Dentro de esta unidad base, no se podrá hacer ninguna ampliación, a menos que se recurra a una nueva construcción o a duplicar la unidad.

Estado: Tlaxcala
Municipio: Nanacamilpa de Mariano Arista
Clima: templado
Precio: —
Superficie construida: 43.62 M²
Altura del piso al techo: 4.1 M
Tipo de techo: cobertizo/otro
Orientación: —
Opción(es) de ampliación: —

Título: Casa Autodiseño

Tipo de pared: bloque de hormigón
Tipo de piso: cemento expuesto con sellado con poliuretano
Estructura: bloque de hormigón

Techo: estructura de madera con metal corrugado
Detalles: puertas y ventanas de madera
Acabados: —

8

Taller | Mauricio Rocha + Gabriela Carrillo

The proposed housing unit explores vernacular materials (CMU, adobe, wood) and construction techniques in two volumes, intersecting in a portico. One of these volumes, horizontal and in CMU, houses social spaces; a vertical, adobe volume houses private programs. The portico at the intersection of these volumes ensures their connection and potential for reconfiguration.

MOS notes: The primary elements of this project are the volumetric, room-like rectangular modules central to its organization. Constructed in vernacular adobe blocks and CMU that allow for simple, affordable, and expedient growth in all directions, the house has no clear front. Abundant floor-to-ceiling doors afford a porous connection to the surrounding landscape and neighboring homes.

State: Tlaxcala
Municipality: Xaltocan
Climate: Temperate
House Price: 172,349.37
Constructed Surface: 72.11 M²
Floor-to-ceiling height: 2.35 M
Roof Type: Flat
Orientation: —
Growth Option(s): Horizontal

Wall Type: Modulated Adobe Walls

Floor Type: Concrete Slab
Structure: Adobe Walls, CMU Walls, Stone Wall Foundation
Roofing: Considering a Sloped Roof (For Solar Capture)
Details: —
Finishes: —

La unidad de vivienda propuesta explora materiales (bloques de hormigón, adobe, madera) y técnicas de construcción vernáculas en dos volúmenes, que se intersectan en un pórtico. El volumen horizontal, de bloques de hormigón, alberga espacios sociales, mientras que el volumen vertical, de adobe, aloja programas privados. El pórtico en la intersección de estos volúmenes asegura su conexión y su potencial para reconfigurarse.

Notas de MOS: Los elementos principales de este proyecto son los módulos rectangulares volumétricos, tipo habitación, de importancia central para la organización. La casa, construida con adobe vernáculo y bloques de hormigón que permiten una ampliación simple, asequible y expedita en todas las direcciones, no tiene una fachada clara. Las abundantes puertas del piso al techo permiten una conexión porosa con el paisaje circundante y las casas vecinas.

Estado: Tlaxcala
Municipio: Xaltocan
Clima: templado
Precio: 172,349.37
Superficie construida: 72.11 M²
Altura del piso al techo: 2.35 M
Tipo de techo: plano
Orientación: —
Opción(es) de ampliación: horizontal

Tipo de pared: paredes de adobe modulados
Tipo de piso: losa de concreto
Estructura: muros de adobe y de bloque de hormigón; cimientos de piedra
Techo: Considerando un techo inclinado (para captar el sol)
Detalles: —
Acabados: —

9

Taller de Arquitectura X

The hexagonal form of this house allows for aggregation in multiple orientations, with a system of rotated interior plans creating specific interior solar effects, views onto the landscape and neighboring buildings, etc. (The home has the ability, both in plan and as a volume, to adapt and open toward desirable orientations or views.) This hexagonal form also allows for abundant cross-ventilation, as no less than three walls on each level always remain open, oriented toward winds from any direction.

MOS notes: The combined scale and orientation of this proposal define its urban condition. First, it is at a different scale than many of the surrounding projects. And second, its hexagonal plan presents no clear front or back, no publicly apparent orientation. All growth occurs through the complex geometric organization— either vertical stacking or horizontal tiling—of these hexagonal volumes. The project's primary element is its particular form, at once archetypal and unfinished looking, a productive and enjoyable contradiction. The free rotation and grouping of interior plans allows for maximum flexibility in interior sociality, all illegible from the unit's exterior.

State: Ciudad de México
Municipality: Milpa Alta
Climate: Semicold
House Price: 235,601.27
Constructed Surface: 96.50 M²
Floor-to-ceiling height: 2.90 M
Roof Type: Flat

Orientation: —
Growth Option(s): Vertical

Wall Type: Reclaimed Red Bricks
Floor Type: Concrete Slab
Structure: Concrete Beams and Vaulted Slab
Roofing: Concrete Slab
Details: —
Finishes: Reclaimed Mud-brick Partition Wall; Pine Plywood; Satin Tempered Glass Wall; Traditional Tile Wall; Exposed Concrete Stairs; Polished Concrete Floor; Traditional Tile Floor; Clay Tile

La forma hexagonal de esta casa permite agregados en múltiples orientaciones, con un sistema de planos interiores rotados que crean efectos solares interiores específicos, vistas del paisaje y de los edificios vecinos, etc. (La casa tiene la capacidad, tanto en plano como en volumen, para adaptarse y abrirse hacia orientaciones o vistas deseables). Esta forma hexagonal también permite una abundante ventilación cruzada, ya que por lo menos tres paredes en cada nivel siempre permanecen abiertas, orientadas hacia los vientos desde cualquier dirección.

Notas de MOS: La combinación de la escala y la orientación de esta propuesta define su condición urbana. En primer lugar, tiene una escala diferente a muchos de los proyectos circundantes. En segundo lugar, su plan hexagonal hace que no tenga una parte anterior y posterior claras, ni una orientación públicamente aparente. Cualquier ampliación se da a través de la compleja organización geométrica de estos volúmenes hexagonales, ya sea de apilamiento vertical o de embaldosado horizontal. El elemento principal del proyecto es su forma particular, una apariencia a la vez arquetípica e inconclusa, una contradicción productiva y agradable. La rotación libre y la agrupación de los planos interiores permite una flexibilidad máxima en la sociabilidad interior, totalmente ilegible desde el exterior de la unidad.

Estado: Ciudad de México
Municipio: Milpa Alta

Clima: semifrío
Precio: 235,601.27
Superficie construida: 96.50 M²
Altura del piso al techo: 2.90 M
Tipo de techo: plano
Orientación: —
Opción(es) de ampliación: vertical

Tipo de pared: ladrillo rojo recuperado
Tipo de piso: losa de concreto
Estructura: vigas y losa abovedada de hormigón
Techo: losa de concreto
Detalles: —
Acabados: muro divisorio de ladrillo de barro recuperado; triplay (de pino); pared de vidrio templado satinado; muro tradicional de azulejos; escaleras expuestas de concreto; piso de concreto pulido; piso tradicional de azulejos; tejas de barro

10

Griffin Enright Architects

Proposed as a walled home, this project presents a flat facade as its public front. Space behind this unit's flat face, opening onto the street, doubles as an unprogrammed area for street-fronting, pop-up markets, communal dining, on-site agriculture, etc. (Gray water is recycled for any/all on-site gardening.) Building overhangs protect residents from rain, and covered first– and second-floor patio/balcony spaces may be enclosed to expand interior living space.

MOS notes: Central to this project's initial definition is its walled construction of a clear (street) front. (It appears the project will work equally well as an object in the landscape, without this walled enclosure or street frontage.) The home's primary elements are its vernacular construction techniques, which are thoughtfully applied to a somewhat less unfamiliar form. All unit growth minimizes material cost and structural intervention, simply moving walls fronting second-floor balconies outward to enclose this space. Sociality is ensured through a large front-facing patio, open to the surrounding context thus ideal for commerce and communion.

State: Estado de México
Municipality: Calimaya
Climate: Temperate
House Price: 219,020.76
Constructed Surface: 52.31 M²
Floor-to-ceiling height: 2.85 M
Roof Type: Other
Orientation: —
Growth Option(s): Interior

Wall Type: CMU with Stucco
Floor Type: —
Structure: Reinforced Concrete Frame and Slab
Roofing: Reinforced Concrete Slab (Ruled)
Details: Gravel Parking; Residential Garden
Finishes: Typical Building Paint

Propuesta como una casa amurallada, este proyecto presenta una fachada plana como frente público de la casa. El espacio que se encuentra detrás de la fachada plana de esta unidad, que da a la calle, funciona como un área sin programa para locales comerciales, comedores comunales, espacios para la agricultura, etc. (las aguas grises se reciclan para los jardines del sitio). Los voladizos del edificio protegen a los residentes de la lluvia, y se pueden cerrar los espacios cubiertos del primer y segundo piso del patio/balcón para ampliar el espacio interior.

Notas de MOS: La construcción amurallada de una fachada clara que da a la calle es de central importancia para la definición inicial de este proyecto. (Parece que el proyecto funcionaría igual de bien como un objeto en el paisaje, sin este recinto amurallado o sin el frente a la calle). Los elementos principales de la casa son sus técnicas de construcción vernácula, que se aplican cuidadosamente a una

forma relativamente menos familiar. Cualquier ampliación de la unidad minimiza el costo de los materiales y la intervención estructural, a través de simplemente mover las paredes hacia el exterior de los balcones del segundo piso para encerrar este espacio. Se asegura la socialización a través de un gran patio frontal, abierto al contexto circundante, ideal para el comercio y la comunicación social.

Estado: Estado de México
Municipio: Calimaya
Clima: templado
Precio: 219,020.76
Superficie construida: 52.31 M²
Altura del piso al techo: 2.85 M
Tipo de techo: otro
Orientación: —
Opción(es) de ampliación: interior

Tipo de pared: bloque de hormigón con yeso
Tipo de piso: —
Estructura: marco y losa de concreto reforzado
Techo: losa de concreto reforzado (reglado)
Detalles: estacionamiento de grava, jardín residencial
Acabados: pintura típica

11

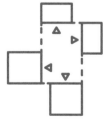

Tatiana Bilbao ESTUDIO

Planning separate program volumes around an open, unenclosed courtyard, this proposal ties the private home to communal space without the undifferentiated repetition and identicality of standard housing types.

Flexible orientation of building volumes, abundant courtyard space, and thoughtful orientation of roof slopes/drainage actively conserve the natural environment and address two contextual shortages: social space and water.

MOS notes: Most significant for this project is its resolutely social character, a result of its free organization of single-program volumes around a publicly accessible primary element: the flat surface of a rectangular central courtyard. Any growth to a single unit must occur through either the arrangement of additional modules around this courtyard or the construction of a new, adjacent one. Despite facing inward toward its courtyard, this proposal is open to its urban condition through its unwalled edge and overall expansion toward a field/mat of quasi-public courtyards.

State: Estado de México
Municipality: Ocoyoacac
Climate: Temperate
House Price: 210,211.96
Constructed Surface: 30.42 M²
Floor-to-ceiling height: 6.30; 2.92; 3.76; 5.70 M
Roof Type: Flat; Shed
Orientation: —
Growth Option(s): Interior

Wall Type: CMU
Floor Type: Concrete Slab; Patio Paving
Structure: CMU; Concrete Slab; Concrete Column
Roofing: Concrete Slab; Timber Roof
Details: —
Finishes: Painted/Sealed Walls

Al planear volúmenes programáticos separados alrededor de un patio abierto, esta propuesta vincula la casa privada con el espacio comunitario sin recurrir a la repetición no diferenciada ni a la uniformidad de los tipos de vivienda estándar. La orientación flexible de los volúmenes de la construcción, el espacio abundante en el patio y la orientación cuidadosa de las pendientes/el drenaje del techo conservan activamente el entorno natural y abordan dos carencias contextuales: el espacio social y el agua.

Notas: Lo más significativo de este proyecto es su carácter decididamente social, resultado de la organización libre de volúmenes de un solo programa en torno a un elemento primario de acceso público: la superficie plana de un patio central rectangular. Cualquier ampliación de una sola unidad debe ocurrir a través de la disposición de módulos adicionales alrededor de este patio o la construcción de un módulo nuevo adyacente. A pesar de que mira hacia adentro, hacia el patio, esta propuesta está abierta a su condición urbana a través de su borde sin muros y la expansión general hacia un campo/conjunto de patios cuasi públicos.

Estado: Estado de México
Municipio: Ocoyoacac
Clima: templado
Precio: 210,211.96
Superficie construida: 30.42 M²
Altura del piso al techo: 6.30; 2.92; 3.76; 5.70 M
Tipo de techo: plano o cobertizo
Orientación: —
Opción(es) de ampliación: interior

Tipo de pared: bloque de hormigón
Tipo de piso: losa de concreto; patio pavimentado
Estructura: bloque de hormigón, losa de cemento, columnas de cemento
Techo: losa de hormigón, techo de madera
Detalles: —
Acabados: paredes pintadas y selladas

12

Francisco Pardo Arquitecto

The system of this proposed house allows the adaptation of its interior layout toward the needs of any inhabitant family. The home's most basic option would include standard services and programming—bedroom on the ground floor and a multipurpose space on the second. Building on this most basic plan, the second floor can adapt toward more specific programs. The exterior yard is delimited by a standard, modular fence that will fit within any regular grid. This fence works at the community scale, toward integration into rather than separation from surrounding constructions, by simultaneously creating individual green space and public areas with different morphologies or uses.

MOS notes: Surrounded by a circular fence, the proposed housing unit has no clear front. Its primary element is its standard, typological shape—that of a generic house—that is extruded along the site's width and raised one-story, CMU foundation walls. Absent a front and raised off the ground, the house presents itself as a clear, distinct object in the landscape. Oriented along perpendicular axes, clearly programmed ground-floor spaces physically connect to this landscape and encourage its cultivation while flexibly programmable second-floor open space offers expansive windows for viewing the surrounding landscape.

State: Tlaxcala
Municipality: Panotla
Climate: Temperate
House Price: 136,276.55
Constructed Surface: 53.00 M²
Floor-to-ceiling height: 2.3 M
Roof Type: Gable
Orientation: —
Growth Option(s): Hybrid

Wall Type: CMU Block and Reinforced Concrete
Floor Type: Reinforced Concrete
Structure: Reinforced Concrete
Roofing: Reinforced Concrete
Details: —
Finishes: Aluminum Door

El sistema de la casa propuesta permite la adaptación de su distribución interior a las necesidades de cualquier familia que la habite. La opción más básica de la casa incluye los servicios básicos y un programa estándar con una recámara en la planta baja y un espacio multipropósito en el primer piso. Si se desea ampliar el plan, se pueden adaptar programas más específicos en el segundo piso. El patio exterior está delimitado por una cerca modular estándar que cabe dentro de cualquier cuadrícula regular. Esta cerca funciona a la escala de la comunidad, permitiendo la integración más que la separación de las construcciones circundantes, al crear simultáneamente espacios verdes individuales y áreas públicas con diferentes morfologías o usos.

Notas de MOS: Rodeada por una cerca circular, la unidad de vivienda propuesta no tiene una fachada clara. Su elemento principal es su forma tipológica estándar, la de una casa genérica, que se extruye a lo ancho del sitio y se eleva un solo piso, las paredes están hechas de unidades de mampostería de hormigón. Sin fachada y levantada del suelo, la casa se presenta como un objeto claro y distintivo en el paisaje. Orientado a lo largo de los ejes perpendiculares, los espacios claramente programados de la planta baja se conectan físicamente a este paisaje y fomentan su cultivo, mientras que el espacio abierto del segundo piso, con su programa flexible, ofrece ventanas amplias para ver el paisaje circundante.

Estado: Tlaxcala
Municipio: Panotla
Clima: templado
Precio: 136,276.55
Superficie construida: 53.00 M²
Altura del piso al techo: 2.3 M
Tipo de techo: de dos aguas
Orientación: —
Opción(es) de ampliación híbrido

Tipo de pared: bloque de hormigón y concreto reforzado
Tipo de piso: concreto reforzado
Estructura: concreto reforzado
Techo: concreto reforzado
Detalles: —
Acabados: Puertas de aluminio

13

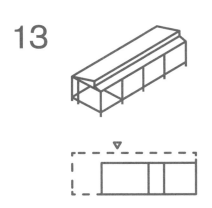

Enrique Norten | TEN Arquitectos

The project is organized around a three-by-three-meter grid, realized as a raised, modular, metal frame structure sitting on concrete footings. This frame unit allows for growth in both transverse and longitudinal directions. Using standard angle connections that are efficient in cost and speed of construction, the house is also raised on this metal frame to avoid flooding. In addition, the project accommodates both solar panels and water collection/storage systems. All rooms are naturally ventilated and the building may be oriented according to the solar and wind directions of the eventual site.

MOS notes: The primary element of the proposed housing unit is its simple, modular metal frame. It is through this frame that an affordable, constructible, and linearly expandable home is possible. And it is this frame that defines and supports solar paneling, expansive operable windows for ventilation, and other passive environmental solutions. Raised off the ground, a simple, shed-roofed form fronted with a covered patio presents a clear front to the surrounding buildings and connects to its surrounding urban context.

State: Ciudad de México
Municipality: Xochimilco
Climate: Temperate Humid
House Price: —
Constructed Surface: 49.60 M²
Floor-to-ceiling height: 2.44 M
Roof Type: Flat and Shed
Orientation: —
Growth Option(s): Horizontal
Wall Type: Metal Frame,

OSB and Insulation
Floor Type: Concrete Slab
Structure: Concrete Footings and Metal Frame
Roofing: Corrugated Metal
Finishes: OSB, Corrugated Metal

El proyecto se organiza alrededor de una cuadrícula de tres por tres metros, construida como una estructura de marco metálico elevado y modular que se apoya sobre unas zapatas de hormigón. Esta unidad enmarcada permite el crecimiento en direcciones transversales y longitudinales. Utilizando conexiones de ángulo estándar que son eficientes en costo y velocidad de construcción, la casa también se eleva sobre este marco de metal para evitar inundaciones. Además, el proyecto acomoda paneles solares y sistemas de recolección/almacenamiento de agua. Todas las habitaciones tienen ventilación natural y se puede orientar la casa según la dirección del sol y el viento del sitio final.

Notas de MOS: El elemento principal de la unidad de vivienda propuesta es su estructura metálica simple y modular. Es este marco el que permite que la casa sea asequible, construible y se pueda ampliar de manera lineal. Este marco además define y sostiene los paneles solares, las amplias ventanas operativas para la ventilación y otras soluciones ambientales pasivas. Levantada del suelo, con una forma sencilla, un techo de cobertizo y un patio cubierto, presenta una fachada clara a las construcciones circundantes que la conecta con el contexto urbano que la rodean.

Estado: Ciudad de México
Municipio: Xochimilco
Clima: templado húmedo
Precio: —
Superficie construida: 49.60 M²
Altura del piso al techo: 2.44 M
Tipo de techo: plano y cobertizo
Orientación: —
Opción(es) de ampliación: horizontal

Tipo de pared: marco de metal, tabla OSB y aislamiento
Tipo de piso: losa de concreto

Estructura: zapatas de concreto y marco de metal
Techo: metal acanalado
Detalles: —
Acabados: madera OSB y metal acanalado

14

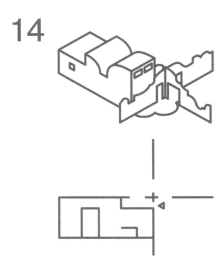

Pita & Bloom

Collecting ready-made objects, cultural artifacts, and ad-hoc building customizations from the local context, the proposed housing unit collages these elements into a new residential type. Familiar geometries and shapes reappear within this residence, applied to a new party wall (medianera) in a manner that recasts typically inflexible boundaries between interior and exterior, front and backyard, open and closed. In addition to opening the house up to the landscape, this party wall allows for the later addition of new program elements that are connected to yet distinctly separate from the initial structure.

MOS notes: Playfully recuperating vernacular forms, materials, and construction methods, this house's primary element is its (party) walls. Used almost graphically across all elevations, these walls produce no clear front for the project. Defining exterior spaces for socialization or, eventually, unit growth these are not blank, enclosing perimeter walls. Instead, located at the project's center, they are open, public, constructive elements full of character.

State: Tlaxcala
Municipality: Tetla de la Solidaridad
Climate: Semicold
House Price: —
Constructed Surface: 48.22 M²
Floor-to-ceiling height: 2.60 M
Roof Type: Vault
Orientation: N–S
Growth Option(s): Horizontal

Wall Type: Wood-framed
Floor Type: Concrete Slab
Structure: Typical Wood framing; Prefabricated Wood Beams
Roofing: Clad
Details: —
Finishes: Plywood and Formica (Interior)

A través de la recolección de objetos descartados, artefactos culturales y personalizaciones ad-hoc de edificios del contexto local, la unidad de vivienda propuesta agrupa estos elementos para crear un nuevo tipo residencial. Geometrías y formas familiares reaparecen dentro de esta residencia, aplicadas a un nuevo muro separador (medianera) de manera tal que reestructura los límites típicamente inflexibles entre el interior y el exterior, el frente y el patio trasero, los espacios abiertos y cerrados. Además de abrir la casa al paisaje, esta partición permite la adición posterior de nuevos elementos del programa que están conectados con la estructura inicial, aunque están, a la vez, claramente separados de ella.

Notas de MOS: Esta casa, cuyo elemento principal son sus medianeras, recupera las formas, los materiales, y los métodos de construcción vernáculos. Estos muros, utilizados casi gráficamente a través de todas las elevaciones, no producen un frente claro para el proyecto. Al definir los espacios exteriores para la socialización o, eventualmente servir para ampliar la unidad, no son muros en blanco para delimitar el perímetro. En cambio, ubicados en el centro del proyecto, son elementos abiertos, públicos y constructivos llenos de carácter.

Estado: Tlaxcala
Municipio: Tetla de la Solidaridad

Clima: semifrío
Precio: —
Superficie construida: 48.22 M²
Altura del piso al techo: 2.60 M
Tipo de techo: bóveda
Orientación: N–S
Opción(es) de ampliación: horizontal

Tipo de pared: marco de madera
Tipo de piso: losa de concreto
Estructura: típico marco de madera, vigas prefabricadas de madera
Detalles: —
Acabados: triplay y formica (interiores)

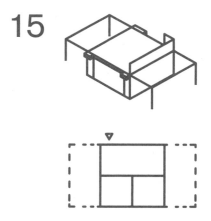

15

BGP Arquitectura

Designed with future expansion in mind, this housing unit understands that one cannot limit or condition the characteristics and materials. Acknowledging prevailing trade winds that blow northeast to southwest in the summer and east to west in the winter, the house orients its entry to the north and closes off its east and west elevations. (Doors and windows at the house's corners allow for diagonal cross-ventilation matching the direction of summer winds.) Kitchen and living spaces are placed along the house's northern face, to cool or shelter bedrooms from seasonal winds. Set within a larger structural frame, the initial construction allows for significant infill, almost tripling the home's square footage—an expansion of significant value for areas where residences often include commercial or production spaces. Additional personalization occurs through finishes.

MOS notes: Equally addressing all sides of its urban condition, this project's symmetrical plan results in a house with no clear front or back—that is, a house that presents itself as an object-in-the-round. The unit's primary element is its simple structural frame, likewise symmetrical, that allows free infill. Never departing from its original unit dimensions, growth of this structural unit can occur in either a linear direction or as a gridded lattice. Devoting half of its footprint to outdoor spaces, this project is social to the extent it presents gardening, commercial activities, and residential programming on these patios to the public.

State: Estado de México
Municipality: Apaxco
Climate: Temperate
House Price: 195,301.97
Constructed Surface: 38.12 M²
Floor-to-ceiling height: 2.72 M
Roof Type: Flat
Orientation: NE–SE (Summer); E–W (Winter)
Growth Option(s): Horizontal

Wall Type: CMU (unfinished); Metal-framed 8.9 cm Partition; Gypsum
Floor Type: Concrete Slab
Structure: Stone Foundation; Concrete Slab; 15 x 15 cm Concrete Columns; Reinforced Concrete Block, 12 x 20 x 40 cm CMU; Reinforced Concrete Beams
Roofing: 20 cm Concrete Slab with Joists at 75 cm; 15 cm Polystyrene; Metal-mesh Reinforcement (Polished Finish)
Details: Water-collection System
Finishes: Exposed Concrete Block; Polished Concrete; Ceramic Tile

Esta casa ha sido diseñada pensando en futuras ampliaciones, en el entendido de que no se pueden limitar ni condicionar las características y materiales de las ampliaciones. Con la conciencia de que los vientos alisios predominantes soplan del noreste al suroeste en el verano y del este al oeste en el invierno, la entrada de la casa se orienta hacia el norte y las elevaciones del este y el oeste están cerradas. (Las puertas y ventanas en las esquinas de la casa permiten una ventilación cruzada en diagonal que corresponde a la dirección de los vientos del verano). La cocina y los espacios habitacionales se ubican a lo largo de la cara norte de la casa para enfriar o proteger las recámaras de los vientos estacionales. Inserta dentro de un marco estructural más grande, la construcción inicial permite un relleno significativo, casi triplicando el número de los metros cuadrados de la casa, una significativa ampliación de valor para áreas donde las residencias a menudo incluyen espacios comerciales o de producción. A través de los acabados, se puede dar una personalización adicional.

Notas de MOS: Al abordar equitativamente todos los lados de su condición urbana, el plan simétrico de este proyecto produce una casa sin una parte anterior o posterior clara, es decir, la casa se presenta como un objeto con cuatro fachadas uniformes. El elemento principal de la unidad es su marco estructural simple, igualmente simétrico, que se puede rellenar libremente. Sin apartarse nunca de las dimensiones originales de la unidad, la ampliación de esta unidad estructural puede ocurrir en una dirección lineal o como una retícula cuadriculada. La mitad de la huella se dedica a espacios al aire libre, por lo que se trata de un proyecto social en la medida en que tiene espacio para actividades de jardinería y comercio. Los patios de este programa residencial están dirigidos a lo público.

Estado: Estado de México
Municipio: Apaxco
Clima: templado
Precio: 195,301.97
Superficie construida: 38.12 M²
Altura del piso al techo: 2.72 M
Tipo de techo: plano
Orientación: NE–SE (verano); E–O (Invierno)
Opción(es) de ampliación: horizontal

Tipo de pared: bloque de hormigón (sin tratamiento); pared de separación con marco de metal con yeso

Tipo de piso: losa de concreto
Estructura: cimientos de piedra; losa de concreto; columnas de concreto de 15 cm x 15 cm; bloques de concreto reforzado de 12 x 20 x 40 cm; vigas de concreto reforzados.
Techo: losa de concreto de 20 cm con viguetas a 75 cm; poliestireno de 15 cm y malla metálica reforzada(con acabado pulido)
Detalles: sistema para la colección de agua
Acabados: bloque de concreto expuesto; concreto pulido; azulejo de cerámica

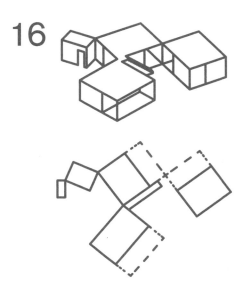

16

Zeller & Moye

In this proposal all activity takes place somewhere between interior and exterior, everyday life moving freely between enclosed interiors, semi-open roofed areas, covered terraces, and entirely open exterior spaces. With modules touching only at their corners, initial unit plans and subsequent additions may rotate freely to allow multiple configurations, including the possibility for context, resident, and environment-specific orientations. (Unit configuration is determined by ground conditions, orientation, wind, views, specific needs of the inhabitant[s], etc.) A base housing unit consists of three volumes: one for bathing, one for sleep, and one for cooking and dining.

MOS notes: An informal, aggregatory growth defines all aspects of this

project. A logic of edge-to-edge or corner-to-corner intersections allows a freely informed arrangement of individual, nonprogrammed volumes across the landscape. The result of this growth logic is a unit with no clear edges and no clear front or back; contextual orientations and the visible circulation between programs across a freely accessible landscape create a significantly social urban condition. Its primary elements—rectangular, concrete volumes of the simplest and most expedient construction—are purposefully reductive, in deference to growth.

State: Colima
Municipality: Coquimatlán
Climate: Warm Semihumid
House Price: 185,450
Constructed Surface: 67.70 M²
Floor-to-ceiling height: 2.3 M
Roof Type: Flat
Orientation: N–S–E–W
Growth Option(s): Vertical; Horizontal; Independent

Wall Type: Adobe
Floor Type: Concrete Slab (Polished)
Structure: Reinforced Concrete Slabs and Columns
Roofing: Concrete Slab
Details: Bamboo Curtains
Finishes: —

En esta propuesta, toda la actividad se da en algún punto entre el interior y el exterior, la vida cotidiana se desenvuelve libremente entre interiores cerrados, áreas techadas semiabiertas, terrazas cubiertas y espacios exteriores completamente abiertos. Con módulos que sólo hacen contacto entre sí en las esquinas, los planos iniciales de la unidad y las ampliaciones posteriores pueden rotar libremente para permitir configuraciones múltiples, incluyendo la posibilidad de orientaciones específicas hacia el contexto, los habitantes y el medio ambiente. (Debido a las condiciones del terreno, la orientación, la dirección del viento, las vistas, las necesidades específicas de los habitantes, etc., determinan la configuración de la unidad). Una unidad de vivienda básica consta de tres volúmenes: uno para bañarse, uno para dormir y uno para cocinar y comer.

Notas de MOS: Todos los aspectos de este proyecto están definidos por una posible ampliación informal. Una lógica de intersecciones entre un lado y otro o entre una esquina y otra, permite una disposición libremente informada de volúmenes individuales sin programa a lo largo del paisaje. El resultado de esta lógica de ampliación, es una unidad sin bordes claros y sin un frente o parte posterior claros; las orientaciones contextuales y la circulación visible entre los programas a través de un paisaje de libre acceso crean una condición urbana significativamente social. Sus elementos primarios, volúmenes rectangulares de concreto de la construcción más simple y expedita, son deliberadamente reductivos, haciendo concesiones a la ampliación.

    Estado: Colima
    Municipio: Coquimatlán
    Clima: cálido semihúmedo
    Precio: 185,450.00
    Superficie construida: 67.70 M²
    Altura del piso al techo: 2.3 M
    Tipo de techo: plano
    Orientación: N–S–E–O
    Opción(es) de ampliación: vertical; horizontal; independiente

    Tipo de pared: adobe
    Tipo de piso: losa de concreto (pulido)
    Estructura: losa y columnas de concreto reforzado
    Techo: losa de concreto
    Detalles: cortinas de bambú
    Acabados: —

17

Accidental Estudio de Arquitectura

Constructed out of lightweight columns and beams allowing for easy reconfiguration and assembly, the proposed housing unit offers three possible rooflines: barrel vault, gable, and shed. These roofs cover an initial 30-square-meter unit valuing flexibility in programming, development, and expansion over gross floor area. Horizontal extension of an initial structural bay expands the overall unit linearly, while vertical build-outs increase interior square footage. Hanging multiple levels from this structural frame, the home shifts ceiling heights based on programming; spaces are separated without the extensive use of walls or doors and become more private with each level. Interior environment and overall livability are ensured through the grouping of hot– and wet-humid spaces (for climate control), interior cultivation (for air quality), translucent polycarbonate paneling (for interior light), and facade openings (for cross-ventilation).

MOS notes: This project's primary element is its simple structural frame, borrowed from a greenhouse/agricultural vernacular. Its urban condition suggests an infill site, with a more solid, party-wall condition along its length and a front/back entirely open at the ground. First-floor openings and the removal of interior partitions create both public and private sociality. All unit growth, horizontal or vertical, occurs within the limits of the project's structural frame (or primary element), underneath its vaulted, gable, or shed roof.

    State: Michoacán de Ocampo
    Municipality: Zacapu
    Climate: Temperate
    House Price: 219,379.66
    Constructed Surface: 38.00 M²
    Floor-to-ceiling height: 2.20 M
    Roof Type: Vault; Gable; Shed
    Orientation: E–W
    Growth Option(s): Vertical; Horizontal

    Wall Type: Double-layer Metal Sheeting with Thermal Insulation; OSB; Cellular Polycarb Panels
    Floor Type: Concrete Slab
    Structure: Concrete Foundation

    and Slab; Columns and Light Beams
    Roofing: Cellular Polycarb Panels (Potential Use of Textiles or Vines)
    Details: Water Storage Tank in Attic; Provision for Electrical, Sanitation, and Gas; Solar Water Heater
    Finishes: Interior/On-slab Cultivation

Construida a partir de columnas y vigas ligeras que permiten una fácil reconfiguración y montaje, la unidad de vivienda propuesta ofrece tres techos posibles: boveda de cañón, dos aguas y cobertizo. Estos techos cubren una unidad inicial de 30 metros cuadrados valorando la flexibilidad del programa, el desarrollo y la expansión sobre el área bruta del piso. Una ampliación horizontal de una bahía estructural inicial amplía la unidad general de forma lineal, mientras que las construcciones verticales dirigidas hacia el exterior, aumentan la superficie del interior. Al colgar múltiples niveles de este marco estructural, va cambiando la altura de los techos de la casa con base en el programa; la separación de los espacios no requiere de un uso extensivo de paredes o puertas y se vuelven más privados en cada nivel. La agrupación de espacios húmedos y calientes (para el control del clima), vegetación interior (para la calidad del aire), paneles de policarbonato translúcido (para la luz interior) y aberturas en la fachada (para la ventilación cruzada), aseguran el medio ambiente interior y la habitabilidad general de la casa.

Notas de MOS: El elemento primario de este proyecto es su sencillo marco estructural, tomado de un invernadero/ de la agricultura vernácula. Su condición urbana sugiere un sitio de relleno, con una condición de muro-partición más sólido a lo largo de la casa y una parte anterior/posterior completamente abierta al sitio. Las aperturas en el primer piso y la eliminacion de las divisiones interiores crean condiciones para una socialización tanto pública como privada. Cualquier ampliación de la unidad, sea horizontal o vertical, se da dentro de los límites del marco estructural del proyecto (o elemento primario), *debajo de su techo abovedado, de dos aguas o tipo cobertizo.*

Estado: Michoacán de Ocampo
Municipio: Zacapu
Clima: templado
Precio: 219,379.66
Superficie construida: 38.00 M²
Altura del piso al techo: 2.20 M
Tipo de techo: bóveda, techo tipo dos aguas o tipo cobertizo
Orientación: E–O
Opción(es) de ampliación: vertical; horizontal

Tipo de pared: doble capa de lámina de metal con aislamiento térmico; tablas de OSB; paneles de policarbonato celular
Tipo de piso: losa de concreto
Estructura: cimientos y losa de concreto; columnas y vigas ligeras
Techo: paneles de policarbonato celular (posible uso de textiles o enredaderas)
Detalles: tinaco en el ático; Provisión para electricidad, sanitario, gas; calentador solar de agua
Acabados: plantas de interior/ sobre la losa

18

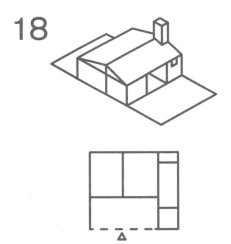

Nuño – Mac Gregor – De Buen Arquitectos SC

The proposed housing unit is ordered as two bays around a fixed service core; one bay houses a wood-framed interior space, the other a fiberglass-covered exterior terrace. Offering shade and protection from the elements, these portico spaces create fluid and flexible living between interior and exterior. Non-structural partitions allow for a similar fluidity or flexibility (and programming) of the unit's interior and, after painting by residents, in its appearance.

MOS notes: The primary element of this project is its straightforward recuperation of a vernacular house type, generous in both is provision of porch space and in its interior layout. Entirely closed/blank on two of its sides but otherwise open to the exterior, it suggests an infill site and party walls. This select openness to the exterior establishes a clear front and back for the house; the free flow of interiors onto the porch, then onto the landscape suggests a certain presentation of private life and socialization to the surrounding community.

State: Michoacán de Ocampo
Municipality: Peribán
Climate: Temperate
House Price: 280,748.86
Constructed Surface: 49.11 M²
Floor-to-ceiling height: 2.40 M
Roof Type: Flat; Gable
Orientation: E–W

Growth Option(s): Hybrid
Wall Type: Painted Panels
Floor Type: Reinforced Concrete Slab
Structure: Typical Wood Framing; Prefabricated Wood Beams
Roofing: Fiberglass Clad
Details: —
Finishes: —

La unidad de vivienda propuesta se ordena como dos compartimientos alrededor de un núcleo de servicio fijo; una de las bahías alberga un espacio interior con marco de madera y la otra una terraza exterior cubierta con fibra de vidrio. Estos espacios de pórtico, que ofrecen sombra y protección contra los elementos, crean una fluidez y flexibilidad entre el interior y el exterior. Las particiones no estructurales permiten una fluidez o flexibilidad similar en el interior de la unidad (parte del programa) y, una vez que los habitantes los hayan pintado, producen un cambio de apariencia.

Notas de MOS: El elemento principal

de este proyecto es su recuperación directa de la tipología de la casa vernácula, que proporciona espacios generosos tanto en el porche como en la distribución interior. Completamente cerrado / en blanco en dos de sus costados, aunque abierto hacia el exterior en los otros costados, sugiere un sitio de relleno y muros de partición. Esta apertura selectiva hacia el exterior establece una fachada y una parte posterior claras; la libre circulación de los interiores hacia el porche y luego hacia el paisaje, sugiere que a la comunidad circundante se le presenta un cierto grado de la vida privada y la socialización de los habitantes.

Estado: Michoacán de Ocampo
Municipio: Peribán
Clima: templado
Precio: 280,748.86
Superficie construida: 49.11 M²
Altura del piso al techo: 2.40 M
Tipo de techo: plano o techo de dos aguas
Orientación: E–O

Opción(es) de ampliación: híbrida
Tipo de pared: paneles pintados
Tipo de piso: losa de cemento reforzado
Estructura: típico marco de madera, vigas de madera prefabricadas
Techo: revestimiento de fibra de vidrio
Detalles: —
Acabados: —

19

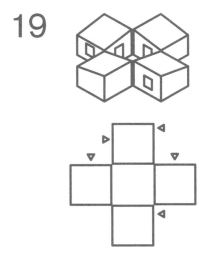

SAYA+ Arquitectos

This housing unit begins with a basic, square module that is both subdivisible and multipliable. The initial building combines four of these small modules around a square, central patio to create a cruciform-plan home. Private connections between unit programming across this patio are matched by infill programming of the unit's exterior, publicly visible corners; a single unit might use one exterior corner for commerce, another for a residential garden, yet another for a terrace, etc. Later stages of development might see these exterior corners enclosed by modules or see the construction of new, single-module outbuildings.

MOS notes: Arranged into an almost archetypal plan, this project's primary element is its shed-roofed volumetric module. Through the varying orientation of their roof slopes, these modules are further enriched or destabilized toward a sense of rotation. Foregrounding a connected sociality, the house is open both at its center (private-interior courtyard) and at its edges (publicly accessible, unprogrammed corners).

State: Estado de México
Municipality: Jocotitlán
Climate: Temperate Dry
House Price: 179,909.65
Constructed Surface: 68.88 M²
Floor-to-ceiling height: 3.26 M
Roof Type: Shed
Orientation: N–S
Growth Option(s): Horizontal

Wall Type: Untreated/Raw Adoblock
Floor Type: Polished, Colored Concrete with Cold Joints
Structure: Cyclopean Concrete Foundation
Roofing: Joist and Beam
Details: Wood-frame Windows and Doors with Mosquito Screens or Netting; Wooden Portico/Overhang
Finishes: —

Esta unidad de vivienda comienza con un módulo básico cuadrado que es tanto subdivisible como multiplicable. La construcción inicial combina cuatro de estos pequeños módulos alrededor de un patio central cuadrado, creando una planta cruciforme. Las conexiones privadas del programa de la unidad a través del patio, se corresponden con el programa de relleno del exterior de la unidad, las esquinas son visibles al público; una sola unidad puede usar una esquina exterior para el comercio, otra para un jardín residencial, otra para una terraza, etc. En etapas posteriores de desarrollo, se podrán cerrar estas esquinas exteriores por medio de módulos o bien construir nuevas edificaciones exteriores basadas en un solo módulo.

Notas de MOS: Organizado en un plan casi arquetípico, el elemento principal de este proyecto es su módulo volumétrico con techo de cobertizo. A través de la orientación variable de las pendientes de los techos, estos módulos se enriquecen o desestabilizan hacia un sentido de rotación. Poniendo en primer plano una sociabilidad conectada, la casa está abierta tanto en su centro (el patio interior privado) como en sus bordes (las esquinas accesibles y sin programa).

Estado: Estado de México
Municipio: Jocotitlán
Clima: templado seco
Precio: 179,909.65
Superficie construida: 68.88 M²
Altura del piso al techo: 3.26 M
Tipo de techo: cobertizo
Orientación: N–S
Opción(es) de ampliación: horizontal

Tipo de pared: adobloque en bruto/sin tratamiento
Tipo de piso: losa de concreto pulido, con acabado de color y juntas frías
Estructura: cimentación ciclópea de concreto
Techo: de vigas y viguetas
Detalles: ventanas con marco de madera, y puertas con mosquitero; Pórtico de madera/voladizo
Acabados: —

20

Cano|Vera Arquitectura

Beginning as a highly compact house—an initial seed for future growth—this proposal is designed to expand from its portico by way of easily constructible, cheap, and inhabitant-initiated additions. This expansion can occur horizontally, with the extension of the ground floor, or vertically through the construction of a second. Placed within a larger square plot, new seed buildings by family members desiring their own homes or businesses share common space with this initial dwelling but nonetheless maintain a certain independence. All constructions relate to one another through their porticos, the same elements informing their growth and defining their relationships to neighborhood and landscape.

MOS notes: Adopting both a formal and material vernacular—the shed roof and adobe block construction—this project defines its urban stance, sociality, and growth through a large portico, its primary element. Mediating between interior courtyard and exterior context, this semi-enclosed portico defines a more seamless relationship between private and public through a significant social space. All growth and new construction either extends or is oriented in relation to this same portico space.

State: Hidalgo
Municipality: Tlanalapa
Climate: Semicold Dry
House Price: 203,026.11
Constructed Surface: 44.48 M²
Floor-to-ceiling height: 4.00 M
Roof Type: Shed
Orientation: —
Growth Option(s): Vertical; Horizontal

Wall Type: CMU; Adoblock
(Rammed-Earth Block with
Cement)
Floor Type: Concrete Slab
Structure: Stone Foundation;
Concrete Slab; 15 x 15 cm
Concrete Columns; Reinforced
Concrete Block, 12 x 20 x 40
cm CMU; Reinforced Concrete
Beams
Roofing: Clay Tile with
Waterproofing (No Mesh); 5 cm
Thermal Insulation; Asphalt; ¾"
Plywood
Details: —
Finishes: —

Esta propuesta es inicialmente una
casa muy compacta, una semilla inicial
que se podrá ampliar en el futuro.
Está diseñada para ampliarse desde
el pórtico a través de adiciones fáciles
de construir, económicas y producto
de la iniciativa de los habitantes. Esta
ampliación se puede dar horizontalmente, ampliando la planta baja, o bien
verticalmente a través de la construcción de un segundo piso. Colocada
dentro de un terreno cuadrado más
grande, la casa inicial puede compartir
el espacio con construcciones semilla
nuevas de otros miembros de la familia
que deseen tener su propia casa o
negocio, aunque mantienen una cierta
independencia. Todas las construcciones se relacionan entre sí a través de
sus pórticos, los mismos elementos
que informan su ampliación y definen
sus relaciones con el vecindario y el
paisaje.

*Notas de MOS: El proyecto adopta un
lenguaje vernáculo formal y material—
el techo cubierto y la construcción
con adobloques—y define su postura
urbana, socialidad y ampliación a través de un gran pórtico, su elemento
principal. Mediando entre el patio interior y el contexto exterior, este pórtico
semicerrado define una relación más
fluida entre lo privado y lo público a
través de un espacio social significativo. Cualquier ampliación o construcción nueva se extiende o se orienta en
relación con este mismo espacio del
pórtico.*

Estado: Hidalgo
Municipio: Tlanalapa

Clima: semifrío seco
Precio: 203,026.11
Superficie construida: 44.48 M²
Altura del piso al techo: 4.00 M
Tipo de techo: cobertizo
Orientación: —
Opción(es) de ampliación: verti-
cal; horizontal

Tipo de pared: bloque de hormigón; adobloque (combinación de
adobe y cemento)
Tipo de piso: losa de concreto
Estructura: cimiento de piedra,
losa de concreto de 15 cm x 15
cm; columnas de concreto; bloques de concreto reforzado (12
x 20 x 40 cm); vigas de concreto
reforzado
Techo: Azulejos de cerámica con
protección contra el agua (sin
malla); aislamiento térmico de 5
cm; asfalto; triplay de ¾"
Detalles: —
Acabados: —

21

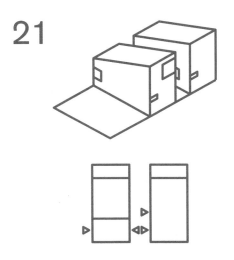

Fernanda Canales

The Productive House consists of a
house formed by a basic, 35-square-
meter module with the ability to
flexibly and progressively add additional modules, all articulated through
patios. Patio dimensions are variable,
determined according to the requirements of inhabitants and the desired
proximity between multiple unit modules. (This separation of housing units
through courtyards provides both
cross-ventilation and abundant natural
light.) Interior loft spaces house water
and gas tanks, with the bathroom and

kitchen located on the ground floor,
next to living and dining spaces.
This efficient concentration of facilities allows the organic arrangement of
the dwelling and the flexible addition
of modules according to future needs.

*MOS notes: The primary element in
the project, from which all interior
organization results, is its sloped
shed roof. Sloping in either identical
or opposite directions, when grown
through parallel repetition/duplication
these roofs produce a coherent multiplicity of formal aggregations. The use
of sustainable bale construction and
the unusually thick walls that result are
unique to this project. Absent perimeter walls, this proposal is open to its
urban context but directs site circulation through quasi private courtyards
in parallel, public paths perpendicular
to units.*

State: Querétaro
Municipality: San Juan del Río
Climate: Temperate Dry
House Price: 214,742.08
Constructed Surface: 55.08 M²
Floor-to-ceiling height: 2.40–
3.50 M
Roof Type: Shed
Orientation: N–S–E–W
Growth Option(s): Horizontal;
independent

Title: Productive House

Wall Type: CMU Block
Floor Type: Concrete Slab (Brick
Inlay)
Structure: Concrete Foundation
and Columns
Roofing: Wood Frame Sheathed
with Metal; or, Concrete
Details: Solar Panel
Finishes: Clay Walls

La Casa Productiva consiste en
una casa formada por un módulo
básico de 35 metros cuadrados
con la capacidad de agregar módulos adicionales de manera flexible y
progresiva, articulados a través de
patios. Las dimensiones del patio son
variables, determinadas de acuerdo
con los requisitos de los habitantes
y la proximidad que se desee entre
los módulos de unidades múltiples.

(Esta separación de las unidades de vivienda a través de los patios proporciona ventilación cruzada y abundante luz natural). Los espacios interiores del ático contienen el tinaco de agua y los tanques de gas. El baño y la cocina se ubican en la planta baja al lado de los espacios de la estancia y el comedor. Esta eficiente concentración de instalaciones permite la disposición orgánica de la vivienda y la adición flexible de módulos según las necesidades futuras.

Notas de MOS: El techo inclinado de cobertizo es el elemento principal del proyecto, de ahí surge toda la organización interior. La inclinación del techo se puede dar en la misma dirección o en dirección opuesta. Cuando se da una ampliación, a través de la repetición / duplicación paralela, estos techos producen una multiplicidad coherente de agregados formales. El uso en la construcción de pacas de paja sostenibles y las paredes inusualmente gruesas que resultan son exclusivas de este proyecto. Sin muros perimetrales, esta propuesta está abierta a su contexto urbano, aunque dirige la circulación del sitio a través de patios paralelos casi privados, y senderos públicos perpendiculares a las unidades.

Estado: Querétaro
Municipio: San Juan del Río
Clima: templado seco
Precio: 214,742.08
Superficie construida: 55.08 M²
Altura del piso al techo: 2.40–3.50 M
Tipo de techo: cobertizo
Orientación: N–S–E–O
Opción(es) de ampliación: horizontal, independiente

Título: Casa Productiva

Tipo de pared: Bloque de hormigón
Tipo de piso: losa de concreto (con ladrillos de relleno)
Estructura: cimiento y columnas de concreto
Techo: estructura de madera enfundada de metal o concreto
Detalles: panales solares
Acabados: paredes de arcilla

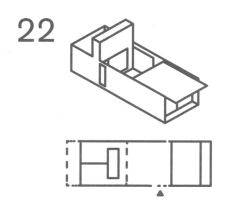

22

RNThomsen ARCHITECTURE

This proposal seeks to maximize interior architectural quality with a minimum of building. It does not emphasize exterior form but interior effects—well-proportioned and –lit spaces, a variety and flexibility in use, privacy and security, etc. Construction techniques, all straightforward and in local materials, are either familiar or easily conveyed to local craftspeople. Building forms respond to solar orientation to capture reflected light and to produce cool, shaded interiors. Separating private sleeping spaces from a more public living and cooking space, a central courtyard offers an unprogrammed space appropriate for all matter of domestic, commercial, and natural uses.

MOS notes: Central to this project is its emphatic internal focus. Solid perimeter walls suggest an infill site, and the project's primary element—a highly visible, nearly monumental two-story light well topping a kitchen and living space—foregrounds the creation of interior effects. All project growth is to occur within the limits of these perimeter walls, either through the reprogramming of interior spaces or the addition of second-story enclosures.

State: Querétaro
Municipality: El Marqués
Climate: Temperate Dry
House Price: 196,306.00
Constructed Surface: 83.77 M²
Floor-to-ceiling height: 3.73 M
Roof Type: Flat
Orientation: E–W
Growth Option(s): Vertical; Interior

Wall Type: CMU
Floor Type: Concrete Slab on Grade
Structure: Concrete Frame and CMU Walls
Roofing: Poured Slab
Details: Poured Stairs
Finishes: —

Esta propuesta busca maximizar la calidad arquitectónica del interior con un mínimo de construcción. No enfatiza la forma exterior, sino los efectos interiores, espacios bien iluminados y proporcionados, una variedad de usos y flexibilidad, la privacidad y la seguridad, etc. Las técnicas de construcción, todas sencillas y en materiales locales, son familiares o fáciles de transmitir a los artesanos locales. Las formas de la construcción responden a la orientación del sol para captar la luz refleja y produce interiores frescos y sombreados. Un patio central que ofrece un espacio sin programa apropiado para todos los usos domésticos, comerciales y naturales, separa las recámaras privadas de los espacios más públicos: la sala de estar y la cocina.

Notas de MOS: Un elemento central de este proyecto es su énfasis en el espacio interno. Las paredes perimetrales sólidas sugieren un sitio de relleno, y el elemento principal del proyecto—un volumen de dos pisos sobre la cocina y la sala—pone de relieve la creación de efectos interiores. Cualquier ampliación al proyecto debe ocurrir dentro de los límites de estos muros perimetrales, ya sea mediante la reprogramación de los espacios interiores o la adición de recintos en el segundo piso.

Estado: Querétaro
Municipio: El Marqués
Clima: templado seco
Precio: 196,306.00
Superficie construida: 83.77 M²
Altura del piso al techo: 3.73 M
Tipo de techo: plano
Orientación: E–O
Opción(es) de ampliación: vertical, interior

Tipo de pared: bloque de hormigón

Tipo de piso: losa de concreto
(sobre el terreno)
Estructura: marco de concreto y
bloque de hormigón
Techo: colado de concreto
Detalles: escaleras coladas
Acabados: —

23

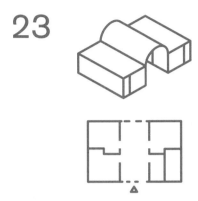

PRODUCTORA

The proposed housing scheme is
organized around three corridor
axes—one private, one public, and
one service—that connect varying
programs and lend a clear structural and spatial order to modular
expansion. Except a building volume
containing all bath and kitchen services (and attendant systems), all
spaces are organized in such a way
as to demand no particular programming. All spaces are independently
accessible and need not rely on other
spaces. And all spaces, constructed
in reinforced-concrete and load-
bearing brick, can house any program: living, commerce, production,
etc. Prevailing winds from the northeast are translated into a north-south
building orientation. Anticipating a
contextual change from rural to urban,
the proposed scheme develops an
adaptable housing unit reduced
in dimension but not in function or
quality of life.

*MOS notes: Most significant to the
project's character is its central,
vault-topped courtyard. Whether
open to the exterior or enclosed, this
space produces a clear front for the
house and establishes the primary
axis around which its tripartite plan
is organized. (All circulation between
a volume containing services and a*
*volume containing other enclosed
programming must cross this central court.) Any unit growth occurs
through either the infill of an open
central courtyard or the continuation
of this original tripartite rhythm in new
construction.*

State: Guanajuato
Municipality: San Francisco del
Rincon
Climate: Temperate Dry
House Price: 218,568.48
Constructed Surface: 61.72 M²
Floor-to-ceiling height: 2.20 M
Roof Type: Flat; Vault
Orientation: N–S
Growth Option(s): Horizontal;
Interior

Wall Type: Red Brick Partition
Floor Type: Concrete Slab
(Polished Terrazzo)
Structure: Reinforced Concrete
Slab (.175 M Off Ground);
Reinforced Masonry Load-bearing
Walls (3.2 M Grid)
Roofing: Joist and Beam;
Reinforced Concrete Vaults
Details: —
Finishes: Red Brick; White-
painted Brick Walls (exterior);
Fine, Flat Plaster Interior Walls;
Exposed Concrete Structure;
Terrazzo

El esquema de vivienda propuesto se
organiza en torno a tres ejes de corredores, uno privado, uno público y uno
de servicio, que conectan diversos
programas y otorgan un orden estructural y espacial claro a la expansión
modular. Excepto el volumen de la
construcción que contiene todos los
servicios del baño y la cocina (y los
sistemas auxiliares), todos los espacios están organizados de tal manera
que no requieren de un programa
particular. Todos los espacios son
accesibles independientemente y no
necesitan depender de otros espacios. Todos los espacios, construidos
con concreto reforzado y ladrillo de
carga, pueden albergar cualquier
programa: casa habitación, comercio,
producción, etc. Los vientos predominantes del noreste se traducen
en una orientación norte-sur de la
construcción. Anticipando un cambio

contextual de lo rural a lo urbano, el
esquema propuesto desarrolla una
unidad de vivienda adaptable con
dimensiones reducidas, aunque para
nada reducida a las funciones o calidad de vida que proporciona.

*Notas de MOS: Lo más significativo
para el carácter del proyecto es su
patio central abovedado. Ya sea
abierto al exterior o cerrado, este
espacio produce un frente claro para
la casa y establece el eje central
alrededor del cual se organiza su
plan tripartita. (Cualquier circulación
entre el volumen que contiene los
servicios y el volumen que contiene
otro programa cerrado debe atravesar
este patio central). Cualquier ampliación de la unidad se produce ya sea
rellenando un patio central abierto o
continuando con este ritmo tripartita
original en una nueva construcción.*

Estado: Guanajuato
Municipio: San Francisco del
Rincón
Clima: templado seco
Precio: 218,568.48
Superficie construida: 61.72 M²
Altura del piso al techo: 2.20 M
Tipo de techo: plano o boveda
Orientación: N–S
Opción(es) de ampliación: hori-
zontal; interior

Tipo de pared: muro divisorio de
ladrillo rojo
Tipo de piso: losa de concreto
(terrazo pulido)
Estructura: losa de concreto
reforzado (.175 M de la tierra;
muro de carga de reforzado (en
cuadrícula de 3.2 M)
Techo: viga y vigueta con bóveda
de concreto reforzado
Detalles: —
Acabados: ladrillo rojo; ladrillo
exterior pintado de blanco; muros
interiores con aplanado de yeso
(fino y plano); estructura de concreto expuesto; terrazo

24

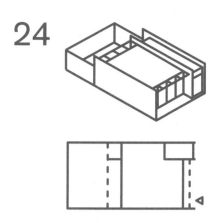

Agraz Arquitectos SC

This housing unit is organized around three walls running its length, intended to reduce the cost and duration of construction by diminishing overall structure, to improve environmental performance by further insulating living spaces from public space, changes in exterior temperature, noise, etc. Closely spaced, two of these walls contain wet areas and building services. The home's construction and organization are in two parts: block one (initial phase) and block two (expansion phase). Structural walls extend into the space fronting and between these two program blocks, creating private patios.

MOS notes: The primary elements of this project are its three walls, whose clear and efficient structural logic creates a simple clear-span interior. All growth occurs through either the simple repetition/duplication of the original unit or through the addition of a second story. The solidity of structural walls (or primary elements) suggests an infill site and produces an inward focus. Vaulted ceiling elements translate the simplicity and efficiency of the building's structural system into insulated, generously detailed interiors.

 State: Jalisco
 Municipality: Autlán de Navarro
 Climate: Warm Semihumid
 House Price: 224,464.87
 Constructed Surface: 42.84 M²
 Floor-to-ceiling height: 2.70 M
 Roof Type: Flat
 Orientation: N–S
 Growth Option(s): Vertical
 Wall Type: Brick (Paint/Stucco)

Floor Type: Concrete Slab (Terrazzo)
Structure: Reinforced Concrete Foundation
Roofing: Metal Sheeting over Interior Vaults
Details: —
Finishes: —

Esta unidad de vivienda se organiza en torno a tres paredes que corren longitudinalmente, destinadas a reducir el costo y la duración de la construcción a través de disminuir la estructura general, mejorar el desempeño ambiental al aislar aún más espacios habitacionales del espacio público, cambios en la temperatura exterior, ruido, etc. Las paredes están estrechamente espaciadas entre sí, dos de ellas contienen las áreas húmedas y los servicios de la casa. La construcción y organización de la casa se divide en dos partes: el bloque uno (la fase inicial) y el bloque dos (la fase de ampliación). Los muros estructurales se alargan hacia el frente del espacio y entre estos dos bloques del programa, se crean patios privados.

Notas de MOS: Los elementos principales de este proyecto son sus tres paredes, cuya lógica estructural clara y eficiente crea un interior sencillo despejado. Cualquier ampliación se da a través de la simple repetición/ duplicación de la unidad original o mediante agregar un segundo piso. La solidez de los muros estructurales (o elementos primarios) sugiere un sitio de relleno y lleva la atención hacia el interior. Los elementos abovedados del techo traducen la sencillez y la eficiencia del sistema estructural de la construcción en interiores aislados y con detalles generosos.

 Estado: Jalisco
 Municipio: Autlán de Navarro
 Clima: cálido semihúmedo
 Precio: 224,464.87
 Superficie construida: 42.84 M²
 Altura del piso al techo: 2.70 M
 Tipo de techo: plano
 Orientación: N–S
 Opción(es) de ampliación: vertical

 Tipo de pared: ladrillo (pintado/

estucado)
Tipo de piso: losa de concreto (Terrazo)
Estructura: cimientos de concreto reforzado
Techo: lámina de metal sobre las bovedas interiores
Detalles: —
Acabados: —

25

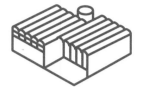

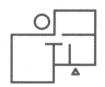

Rojkind Arquitectos

Formed from the union of two 6.0 x 4.4 meter volumetric modules, the proposed housing unit intends to demonstrate and develop the use of local, vernacular building materials and systems while maintaining sufficient simplicity to allow for inhabitant-initiated construction. (All constructive elements maintain their commercial dimensions, to minimize waste, but are nonetheless novel in their re-presentation of a flexibility in application and pleasant materiality.) The house foregrounds passive means of environmental control including: burying portions of its facade in areas where interior light and building entry are demanded less; adopting a north-south building orientation and abundant openings to prevailing winds, for controlled lighting and cross-ventilation; and the inclusion of both interior and on-site agriculture as well as water-storage.

MOS notes: The primary elements of this project are its local building materials and systems—particularly the brick, which is simply but varyingly employed to create retaining walls, solid and porous exterior walls, interior partitions, and vaulted roof modules. Buried at two of its four exterior corners, the home pulls away from its context, less social and seemingly more of an object in the landscape than on it. The house has no clear front or back.

State: Aguascalientes
Municipality: Rincon de Romos
Climate: Temperate Dry
House Price: —
Constructed Surface: 47.70 M²
Floor-to-ceiling height: 2.89 M
Roof Type: Shed/Vault
Orientation: N–S
Growth Option(s): Horizontal

Wall Type: Ceramic Brick
Floor Type: Concrete Slab
Structure: Concrete Foundation; Load-Bearing Brick Retaining Wall
Roofing: Reinforced Concrete and Brick Vault
Details: Wood Window Frames
Finishes: Untreated/Natural Brick

Formada a partir de la unión de dos módulos volumétricos de 6.0 x 4.4 metros, la unidad de vivienda propuesta pretende demostrar y desarrollar el uso de materiales y sistemas de construcción locales y vernáculos, manteniendo a la vez el grado suficiente de sencillez que permita que los habitantes tomen la iniciativa de auto-construir. (Todos los elementos constructivos mantienen sus dimensiones comerciales, para minimizar el desperdicio, aunque son una representación novedosa de la flexibilidad de la aplicación y de la materialidad estética). Los medios pasivos de control ambiental están en un primer plano, incluyendo: enterrar partes de la fachada en áreas donde hay una menor demanda de luz interior y una menor necesidad de tener acceso a la casa; adoptar una orientación norte-sur y abundantes aberturas hacia los vientos dominantes, para contar con una iluminacion controlada y ventilación cruzada; e incluir vegetación en el interior, así como en el sitio, además de medios para almacenar agua.

Notas de MOS: Los elementos principales de este proyecto son sus materiales y sistemas de construcción locales, particularmente el ladrillo, que se

emplea de forma sencilla pero variada para crear muros de contención, muros exteriores sólidos y porosos, muros divisorios interiores y módulos de techos abovedados. Al tener dos de sus cuatro esquinas exteriores enterradas, la casa se retrae de su contexto, tomando un carácter menos social y dando la apariencia de ser un objeto que es parte del paisaje más que un objeto colocado encima del paisaje. La casa no tiene una parte anterior ni una parte posterior claras.

Estado: Aguascalientes
Municipio: Rincón de Romos
Clima: templado seco
Precio: —
Superficie construida: 47.70 M²
Altura del piso al techo: 2.89 M
Tipo de techo: cobertizo o bóveda
Orientación: N–S
Opción(es) de ampliación: horizontal

Tipo de pared: ladrillo de cerámica
Tipo de piso: losa de concreto
Estructura: cimientos de concreto y muros de carga y de contención de ladrillo
Techo: concreto reforzado y bóveda de ladrillo
Detalles: ventanas con marco de madera
Acabados: ladrillo natural/sin tratamiento

26

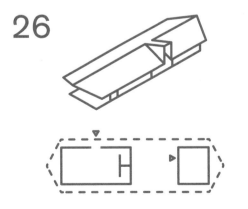

Tactic-A

This proposal works to use the smallest possible number of components to achieve a greater economy of means, all while using the most adaptable and modifiable forms

possible. Floor and end walls are constructed in traditional materials, with all remaining elements fabricated and assembled on-site, individually configured according to resident needs and preferences. The house is oriented north-south to take advantage of prevailing winter winds and sun; operable windows and doors are placed across both long facades to achieve yearlong cross-ventilation.

MOS notes: The primary element and expression of this project is its hexagonal-shaped roof with oversized dormers. Demonstrating its construction by assigning each building element its own materiality and quality, the house creates a clear path for inhabitant-initiated growth. Recuperating the farmhouse type, capped on either end by covered porches for socialization, it is more an object in the landscape than an infill project.

State: San Luis Potosí
Municipality: Ciudad Valles
Climate: Warm Semihumid
House Price: 229,652.03
Constructed Surface: 64.63 M²
Floor-to-ceiling height: 2.72 M
Roof Type: Gable/Other
Orientation: N–S
Growth Option(s): Vertical; Interior

Wall Type: Wood Frame
Floor Type: Concrete Slab
Structure: Wood Frame and Plywood
Roofing: Wood Frame and Corrugated Metal Sheeting
Details: Metal Vents
Finishes: —

Esta propuesta utiliza el menor número posible de componentes para lograr una mayor economía de medios y, a la par, utiliza las formas más adaptables y modificables posibles. El piso y los muros de los extremos están construidos con materiales tradicionales; todos los elementos restantes se fabrican y ensamblan en el sitio, configurados individualmente según las necesidades y preferencias de los habitantes. La casa tiene una orientación norte-sur, para aprovechar el sol y los vientos predominantes del invierno; las ventanas y puertas operables se colocan a lo largo de ambas fachadas largas para, lograr una ventilación cruzada durante todo el año.

Notas de MOS: El elemento y la expresión principales de este proyecto son su techo de forma hexagonal con buhardillas de gran tamaño. A cada elemento de la construcción se le ha asignado su propia materialidad y calidad, creando un sendero claro para la ampliación por iniciativa de los habitantes. Inspirada en la tipología de la granja, , los dos extremos cuentan con pórticos cubiertos para la socialización. Se trata más de un objeto en el paisaje que de un proyecto de relleno.

Estado: San Luis Potosí
Municipio: Ciudad Valles
Clima: cálido semihúmedo
Precio: 229,652.03
Superficie construida: 64.63 M²
Altura del piso al techo: 2.72 M
Tipo de techo: de dos aguas/otro
Orientación: N–S
Opción(es) de ampliación: vertical; interior

Tipo de pared: estructura de madera
Tipo de piso: losa de concreto
Estructura: estructura de madera y de triplay
Techo: estructura de madera y lámina acanalada de metal
Detalles: rejillas metálicas de ventilación
Acabados: —

27

GAETA-SPRINGALL Arquitectos

This project generates pieces—concrete columns and beams, brick infill, full-height windows and doors, shed roofs, etc.—designed to transform the size and materiality of low-income housing while maintaining a strong relationship with the surrounding environment. All spaces are naturally ventilated, the building mass oriented to the southeast to maximize passive solar effects. Rainwater will be collected from the roof and gray water is biofiltered for reuse in on-site irrigation (of family gardens, shade trees, etc.). Repetition of a simple reinforced-concrete frame allows for horizontal expansion in both parallel and perpendicular directions. These double-height volumetric modules offer spacious living and sleeping spaces, including a semi-enclosed sleeping loft.

MOS notes: Defining interior programming and unit growth, this project's primary element is its square, shed-roofed module. Linearly aggregating these volumetric modules, the project appears as half of a vernacular house. (Modules allow for free rotation during aggregation, and need not grow along a line.) Absent any perimeter wall and glazed along both sides of its length, the project appears as an object in the landscape.

State: Tamaulipas
Municipality: González
Climate: Warm Dry
House Price: 219,617.58
Constructed Surface: 43.70 M²
Floor-to-ceiling height: 2.50 M
Roof Type: Shed
Orientation: N–S
Growth Option(s): Horizontal

Wall Type: CMU Partition Wall Block (7 x 14 x 28 cm)
Floor Type: Concrete Slab (Polished)
Structure: Reinforced Concrete Columns, Beams (3 x 3 M Structural Module); Reinforced Concrete Foundation
Roofing: Wood Beams with Galvanized metal Sheeting; Regional Palms
Details: MDF Doors (6 mm) with Natural Varnish; MDF Frames (10 mm); Metal-framed windows with Clear Glass
Finishes: —

Este proyecto genera columnas y vigas de concreto, relleno de ladrillo, ventanas y puertas de altura completa, techos de cobertizo, etc., diseñados para transformar el tamaño y la materialidad de la vivienda de interés social, a la vez que mantienen una relación robusta con el entorno. Todos los espacios tienen ventilación natural, la masa de la construcción se orienta hacia el sureste, para maximizar los efectos pasivos del sol. Se recolecta agua pluvial del techo y se biofiltran las aguas residuales para su reutilización en el riego del sitio (huertos familiares, árboles de sombra, etc.). La repetición de una sencilla estructura de concreto reforzado permite una ampliación horizontal tanto en dirección paralela como perpendicular. Estos módulos volumétricos de doble altura ofrecen amplios espacios para vivir y dormir, incluyendo un ático semi cerrado para dormir.

Notas de MOS: Al definir la programación interior y la ampliación de la unidad, el elemento principal de este proyecto es su módulo cuadrado con techo de cobertizo. Al agregar de forma lineal estos módulos volumétricos, el proyecto parece ser la mitad de una casa vernácula. (Los módulos permiten la rotación libre durante la ampliación y no es necesario que se le amplíe de manera lineal). Sin ningún muro perimetral y con ventanales de vidrio en ambas longitudes, el proyecto parece ser un objeto en el paisaje.

Estado: Tamaulipas
Municipio: González
Clima: cálido seco
Precio: 219,617.58
Superficie construida: 43.70 M²
Altura del piso al techo: 2.50 M
Tipo de techo: cobertizo
Orientación: N–S
Opción(es) de ampliación: horizontal

Tipo de pared: pared medianera de bloque de hormigón (7 x 14 x 28 cm)
Tipo de piso: losa de concreto (pulido)
Estructura: columnas y vigas de concreto reforzado (modulo estructural de 3 x 3 M); cimientos de concreto reforzado

Techo: vigas de madera con lámina de metal galvanizado; hojas de palma de la región
Detalles: puertas de MDF (6 mm de grosor) con barniz natural; estructura de MDF (10 mm de grosor); ventanas con marco de metal y vidrio transparente
Acabados: —

28

TALLER ADG

Employing stone, wood, reclaimed brick, adobe, and other vernacular materials this proposal pursues an appropriately contextual finish and design. Composed of six modules—three for housing and three for services—measuring 3 x 1.2 meters in length, it can expand to address increased needs in either of these spheres.

MOS notes: This project is reduced to three primary elements, each rendered in a distinct material: roof canopy, wall modules, and infill windows. Its organizational rhythm, present in both the base unit and all growth/expansion, results from the repetition of these same primary elements. Extending beyond the home's enclosing, structural walls the roof provides unprogrammed exterior space for socialization on three of the unit's four sides. Placed on a concrete plinth, the house appears as an object in (or off) the landscape.

State: Nayarit
Municipality: Xalisco
Climate: Warm Semihumid
House Price: 526,117.69
Constructed Surface: 41.40 M²
Floor-to-ceiling height: 2.65 M
Roof Type: Flat; Shed

Orientation: —
Growth Option(s): Interior

Wall Type: CMU Block
Floor Type: Concrete Slab
Structure: —
Roofing: Corrugated Metal or Concrete Slab
Details: N/A
Finishes: Tile; Stone; Wood; Corrugated Metal; CMU; Concrete; Adobe; Reclaimed Brick

Esta propuesta recurre a materiales como piedra, madera, ladrillo recuperado, adobe y otros materiales vernáculos, en busca de lograr un diseño y un acabado adecuadamente contextual. Compuesta de seis módulos de 3 x 1.2 metros de longitud—tres para espacios habitacionales y tres para los servicios—se pueden ampliar para abordar las crecientes necesidades en cualquiera de estas esferas.

Notas de MOS: Este proyecto se reduce a tres elementos principales, cada uno de los cuales utiliza un material distinto: la cubierta del techo, los módulos de pared y las ventanas de relleno. Su ritmo organizativo, presente tanto en la unidad base como en cualquier ampliación que se haga, resulta de la repetición de estos mismos elementos primarios. Extendiéndose más allá de los muros estructurales circundantes de la casa, en tres de los cuatro lados de la unidad, el techo proporciona un espacio exterior sin programa para la socialización. Colocada sobre un plinto de concreto reforzado, la casa parece un objeto en el paisaje o en el fondo del paisaje.

Estado: Nayarit
Municipio: Xalisco
Clima: cálido semihúmedo
Precio: 526,117.69
Superficie construida: 41.40 M²
Altura del piso al techo: 2.65 M
Tipo de techo: plano o cobertizo
Orientación: —
Opción(es) de ampliación: interior

Tipo de pared: bloque de hormigón
Tipo de piso: losa de concreto
Estructura: metal acanalado o

losa de concreto
Detalles: —
Acabados: azulejo, piedra, madera, metal acanalado; bloque de hormigón; concreto, adobe, ladrillo recuperado

29

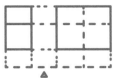

TALLER 4:00 A.M.

This proposal revolves around a three-by-three meter structural grid that adds versatility to programming and freedom to inhabitant-initiated expansion. (Here, the inhabitant chooses the program, budget, and built area according to her needs.) Modules are defined, then partition walls and roofs are added, all to suit the inhabitants needs or desires. The proposal is entirely personalized according to taste or context.

MOS notes: The structural frame is both the primary element and image of this house. All interior planning is done in relation to it, and all growth either extends or infills its gridded logic. Symmetrically ordered but variably enclosed, this frame presents no clear front but instead becomes part of a picturesque landscape.

State: Baja California Sur
Municipality: Mulegé
Climate: Warm dry
House Price: 280,000.00
Constructed Surface: 50.00 M²
Floor-to-ceiling height: 5.00 M
Roof Type: Hip/Other
Orientation: N
Growth Option(s): Horizontal
Wall Type: Wood Frame; Cast-in-place Concrete; CMU Block
Floor Type: Concrete Slab on Grade

Structure: Timber Frame;
Reinforced Concrete Frame
Roofing: Wood-framed (Palm
Thatch, Sheet Metal)
Details: Herringbone Brick Floor
Finishes: —

Esta propuesta gira en torno a una
cuadrícula estructural de tres por tres
metros que le agrega versatilidad al
programa y proporciona libertad para
cualquier ampliación por iniciativa de
los habitantes. (Aquí, los habitantes
eligen el programa, el presupuesto y
el área construida según sus necesidades). Se definen los módulos, luego
se agregan los muros divisorios y los
techos, todo para satisfacer las necesidades o deseos de los habitantes. La
propuesta está completamente perso-
nalizada según el gusto o el contexto.

*Notas de MOS: El marco estructural
es tanto el elemento primario como
la imagen de la casa. El plan interior
se hace en relación con el marco
estructural, y cualquier ampliación
extiende o rellena su lógica cuadriculada. Aunque el marco estructural
está ordenado simétricamente, los
espacios cerrados varían. El marco
estructural no presenta un frente
claro, sino que más bien forma parte
de un paisaje pintoresco.*

Estado: Baja California Sur
Municipio: Mulegé
Clima: cálido seco
Precio: 280,000.00
Superficie construida: 50.00 M²
Altura del piso al techo: 5.00 M
Tipo de techo: a cuatro aguas/
otro
Orientación: N
Opción(es) de ampliación:
horizontal

Tipo de pared: estructura de
madera; concreto colado; bloque
de hormigón
Tipo de piso: losa de concreto (a
nivel)
Estructura: marco de madera;
marco de concreto reforzado
Techo: estructura de madera
(palma, lámina de metal)
Detalles: Piso de ladrillo con
estilo espina de pescado
Acabados: —

30

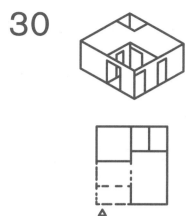

CRO Studio

This prototype configures a series
of modules toward the potential for
multidirectional (vertical and horizontal) expansion. Windows, doors, and
construction methods are standardized, allowing for easy expansion to
accommodate changes in family structure, business needs, etc. Horizontal
arrangement of unit modules—appropriate where significant space is
available—is able to link a natural,
rural context to domestic life through
flexibly sited patios. Double-wall construction assists with passive heating
and cooling while full-height windows
and doors within each module maximize cross-ventilation no matter the
prevailing wind direction.

*MOS notes: Compact and focused
inward around its ground-level courtyard while simultaneously allowing
views outward from its second-floor
patio and windows, this project
foregrounds a relation to its context.
Horizontal expansion of its base unit
occurs in staggered rows or clusters,
gathering entrances to create small-
scale communal spaces. (Here, a
less social single unit might produce
significant sociality when expanded.)
The house's primary elements are
its standardized construction materials, concrete and brick, which are
thoughtfully applied toward passive
heating and cooling in thick walls and
deep window reveals.*

State: Baja California
Municipality: Tecate
Climate: Temperate Dry
House Price: 167,998

Constructed Surface: 40.43 M²
Floor-to-ceiling height: 2.60 M
Roof Type: Flat; Shed
Orientation: —
Growth Option(s): Vertical

Wall Type: Ceramic Brick
Floor Type: Concrete Slab
Structure: Concrete Columns;
Joist-and-beam Slabs; Ceramic
Brick Walls
Roofing: Joist and Beam
Details: —
Finishes: —

Este prototipo configura una serie de
módulos hacia una potencial ampliación multidireccional (vertical y horizontal). Las ventanas, las puertas y los
métodos de construcción estandarizados permiten una fácil ampliación para
adaptarse a cambios en la estructura
de una familia, necesidades comerciales, etc. La disposición horizontal de
los módulos de la unidad—adecuada
ahí donde hay un espacio significativo
disponible—vincula un contexto rural
natural con la vida doméstica a través
de patios con una ubicación flexible.
La construcción de doble pared ayuda
con la calefacción y el enfriamiento
pasivos, mientras que las ventanas y
puertas de altura completa dentro de
cada módulo maximizan la ventilación
cruzada, independientemente de la
dirección predominante del viento.

*Notas de MOS: Este proyecto com-
pacto y enfocado hacia el interior en
torno al patio al nivel de la planta baja,
simultáneamente permite vistas desde
el patio y las ventanas de la planta
alta, pone la relación con el contexto
en primer plano. La ampliación horizontal de la unidad base se produce
en hileras o conglomerados escalona-
dos, aprovechando las entradas para
crear espacios comunes a pequeña
escala. (Una unidad individual con
poco contenido social, puede promo-
ver una socialidad significativa cuando
se amplía). Los elementos principales
de la casa son los materiales de construcción estandarizados, concreto
y ladrillo, que se aplican cuidadosamente para favorecer el calentamiento
y enfriamiento pasivo a través de paredes gruesas y derrames profundos de
las ventanas.*

Estado: Baja California
Municipio: Tecate
Clima: templado seco
Precio: 167,998.00
Superficie construida: 40.43 M^2
Altura del piso al techo: 2.60 M
Tipo de techo: plano; cobertizo
Orientación: —
Opción(es) de ampliación: vertical

Tipo de pared: ladrillo cerámico
Tipo de piso: losa de concreto
Estructura: columnas de concreto, losas de vigas y viguetas; paredes de ladrillo cerámico
Techo: vigas y viguetas
Detalles: —
Acabados: —

31

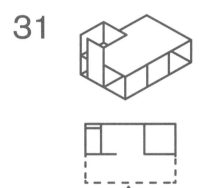

JC Arquitectura

This proposal covers living spaces with two roofs, one sheathed in OSB and another in galvanized metal sheeting. Oriented north-south with living spaces at its northern edge, the housing unit protects these spaces from southern sunlight with this second roof, which covers two-thirds of the unit's nine-square slab. (This extensive roof provides shade sufficient enough to allow for wide-ranging exterior programming.) A 3.2-square-meter reinforced concrete structural grid allows for flexible expansion of living spaces under this roof. Compressed-earth blocks used for structural infill extend from the ground to the second floor, concealing a water-storage tank (*tinaco*).

MOS notes: The primary elements of this project are its nine-square-gridded structure, the expansive roof it supports, and patio it covers.

All growth fills in this structural frame, reducing publicly visible patio space by enclosing additional interior programming. Placing all programs in the three rear cells of this structure, initial infill and roof both define a clear front and back; a raised slab separates this object from the landscape it sits within. Limited in enclosed, interior space but abundant in open, exterior space a kind of patio living provides the project a more communal, social character.

State: Chihuahua
Municipality: Camargo
Climate: Warm Extremely Dry
House Price: 254,623.68
Constructed Surface: 110.46 M^2
Floor-to-ceiling height: 2.40 M
Roof Type: Flat; Shed
Orientation: —
Growth Option(s): Horizontal

Wall Type: Adoblock
Floor Type: Concrete Slab
Structure: Reinforced Concrete Columns/Frame and Slab; Compressed-earth Block
Roofing: Wood Frame and Joist with Metal Sheeting
Details: —
Finishes: —

Esta propuesta abarca espacios habitables con dos techos, uno revestido con tableros de OSB y otro con lámina galvanizada. Orientada de norte a sur con los espacios habitacionales en el lado norte, la unidad de vivienda protege estos espacios de la luz solar del sur con este segundo techo, que cubre dos terceras partes de la losa de nueve metros cuadrados. (Este amplio techo proporciona suficiente sombra como para permitir un amplio programa exterior). Una cuadrícula estructural de concreto reforzado de 3.2 metros cuadrados permite una ampliación flexible de los espacios habitacionales ubicados debajo de este techo. Los bloques de tierra comprimida utilizados como relleno estructural, se extienden desde el suelo hasta la planta alta, ocultando el tinaco de agua.

Notas de MOS: Los elementos principales de este proyecto son su

estructura cuadriculada de nueve metros cuadrados, el amplio techo que sostiene y el patio que cubre. Cualquier ampliación llena este marco estructural, reduciendo el espacio del patio públicamente visible al encerrar el programa interior adicional. Al colocar todo el programa en las tres celdas posteriores de esta estructura, tanto el relleno inicial como el techo definen un frente y una parte posterior claros; una losa alzada separa este objeto del paisaje en el que se encuentra. Aunque el espacio interior cerrado es limitado, el espacio exterior abierto es abundante. Este patio habitacional, le proporciona al proyecto un carácter más comunitario y social.

Estado: Chihuahua
Municipio: Camargo
Clima: cálido seco extremo
Precio: 254,623.68
Superficie construida: 110.46 M^2
Altura del piso al techo: 2.40 M
Tipo de techo: plano; cobertizo
Orientación: —
Opción(es) de ampliación: horizontal

Tipo de pared: adobloque
Tipo de piso: losa de concreto
Estructura:columnas/marco y losa de concreto reforzado; bloques de tierra comprimida
Techo: marco de madera y viguetas con lámina de metal
Detalles: —
Acabados: —

32

DCPP

Acknowledging the proximity of its site to the United States, this proposal combines the typological characteristics of standard rural dwellings with (US) American one-level, portico-fronted dwellings toward a new hybrid type. (Local vernacular elements and building materials like rammed-earth blocks are maintained.) Oriented with its main entry and openings facing south and with all services concentrated along its northern face, the proposed unit is divided into two volumes, one public and one private. Progressive expansion of this unit can occur from either of these spheres, increasing private space following the birth of a child or increasing public space following successful business endeavors. A generous height of 3.25 meters expands the apparent dimension of all interior spaces.

MOS notes: This project's primary element—or its main visual and spatial element—is its split wall. Planned as a compact variation of a dogtrot house, its initial unit is clearly organized into two volumes, one public/living and one private/sleeping. Placing its entry at this split, on a windowless facade, the project has a clear front; its rear, by contrast, is almost entirely open to the landscape. All growth extends this original split, or else creates another running perpendicular to the first.

State: Coahuila
Municipality: Zaragoza
Climate: Warm Dry
House Price: 315,897.24
Constructed Surface: 46.28 M^2
Floor-to-ceiling height: 3.26 M
Roof Type: Flat
Orientation: N–S
Growth Option(s): Horizontal

Wall Type: Adoblock (Rammed-Earth Block)
Floor Type: Concrete Slab
Structure: Adoblock Walls with Concrete
Roofing: Concrete Ring Beam; Wood Joists; Floor System; Galvanized Metal Sheeting; Earthen Insulation and Plastic Water Barrier
Details: Removable Windows; Double-panel Door System; Solid Access Doors; Water Storage on Roof
Finishes: —

Reconociendo la proximidad del sitio a los Estados Unidos, esta propuesta combina las características tipológicas de las viviendas rurales con las viviendas americanas de un solo nivel, con fachada de pórtico, para lograr un nuevo tipo híbrido. (Se mantienen elementos vernáculos locales y materiales de construcción como los bloques de tierra comprimida). La entrada y las aberturas principales están orientadas hacia el sur, mientras que todos los servicios se concentran a lo largo de la cara norte. La unidad propuesta se divide en dos volúmenes: uno público y el otro privado. La ampliación progresiva de esta unidad se puede dar en cualquiera de estas esferas: se puede aumentar el espacio privado después del nacimiento de un bebé, o bien, se puede aumentar espacio público para echar a andar un negocio. La generosa altura de 3.25 metros amplía la dimensión aparente de todos los espacios interiores.

Notas de MOS: El muro dividido es el elemento principal de este proyecto, o su principal elemento visual y espacial. Planeado como una variación compacta de una casa con corredor abierto, la unidad inicial está claramente organizada en dos volúmenes, uno público/habitacional y el otro privado/dormitorio. Al colocar la entrada en esta división, en una fachada sin ventanas, el proyecto tiene un frente claro; la parte posterior, por el contrario, está casi completamente abierta al paisaje. Cualquier ampliación extiende esta división original, o bien crea otra división perpendicular a la primera.

Estado: Coahuila
Municipio: Zaragoza
Clima: cálido seco
Precio: 315,897.24
Superficie construida: 46.28 M^2
Altura del piso al techo: 3.26 M
Tipo de techo: plano
Orientación: N–S
Opción(es) de ampliación: horizontal

Tipo de pared: adobloque (bloque de tierra comprimida)
Tipo de piso: losa de concreto
Estructura: paredes de adobloque con concreto

Techo: vigas de concreto con armazón de varilla, viguetas de madera, lámina de metal galvanizado aislamiento con capa de tierra, barrera impermeable de plástico
Detalles: ventanas desmontables; sistema de puertas con panel doble; puertas sólidas de acceso; tinaco de agua en el techo
Acabados: —

Apan Laboratorio de Vivienda

Apan Housing Laboratory

Laboratorio

de Vivienda

Apan   Laboratorio de Vivienda

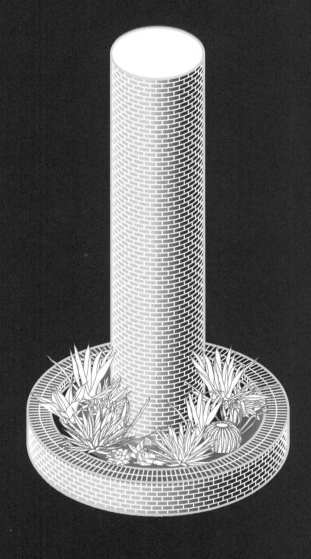

Apan Laboratorio de Vivienda

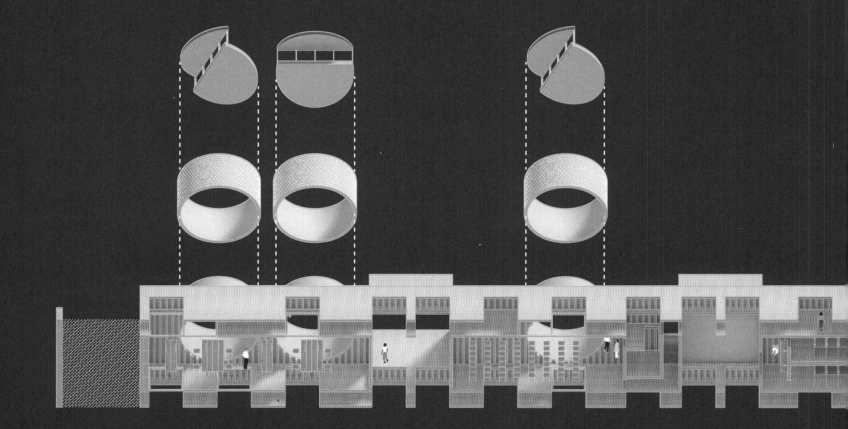

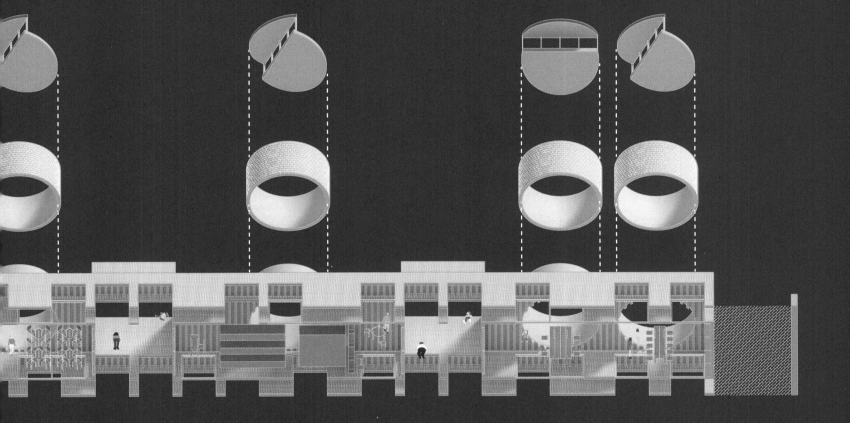

Apan   Laboratorio de Vivienda

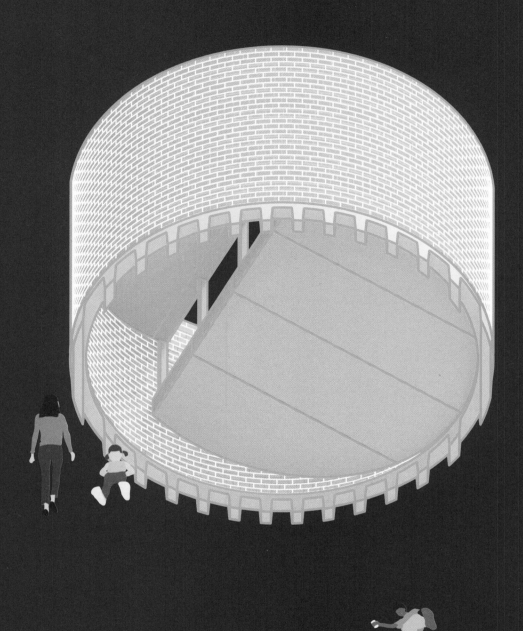

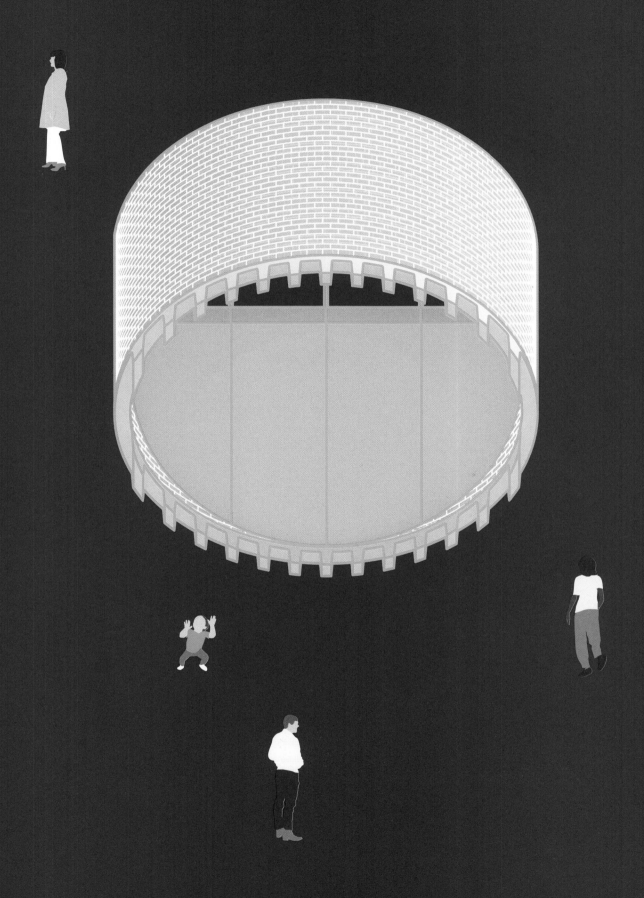

Apan Laboratorio de Vivienda

Apan Housing Laboratory

1

The Yurt

The Indians of tropical America invented the hammock. Not to know of the hammock, and not to have any convenience of that kind for rest or sleep, is for them the very symbol of poverty. The Nambikwara sleep naked on the bare earth. As the nights of the dry season are cold they keep warm by sleeping close to one another, or by drawing nearer and nearer to the remains of the camp-fire—so much so, in fact, that they often wake up at dawn sprawled in the still-warm ashes of the fire. For this reason the Paressi have a nickname for them—*uaikoakoré*, "those who sleep on the ground."
—Claude Lévi-Strauss, *Tristes Tropiques*

We associate the life of the nomad with that of an uprooted person, of unusual customs for Western society. However, globalization and telecommunications have generated a new type of nomad who simply lives off-shore, works and rests at a distance, changes his family composition frequently throughout his life and moves more easily than in the 20th century. As Toyo Ito already posed in 1989 in Pao II: Dwellings for the Tokyo Nomad Woman, in 2018 we still do not have an answer to contemporary life for citizens with an unstable domicile; their current dwelling is a physical and economic burden that society has assumed is necessary to live. However, we often miss examples of traditional housing that can be solutions to this problem.
    The yurt is the vernacular

housing of the nomadic populations in Mongolia. It is a stable housing, transportable and adapted even to a conventional situation of furniture that, despite being located in an environment without urban infrastructure, produces an interior similar to what the average citizen considers a "normal" or "comfortable" interior. It is not a mobile home like the motorhome, nor a temporary home like a tent. It is the answer found in the central steppe to a life planned as an adaptation to change. Its construction is based on an enclosure of skins over a light skeleton with curtains inside for privacy. The external wooden door is transported and decorated as a way to identify and personalize. Unlike conventional housing, a sequence of images of its construction could be reversed in order to demonstrate its disassembly.
    We have transferred this philosophy to a model of minimally invasive housing, which is placed lightly in a territory through a skeleton of scaffolding and a rigid outer skin of perforated platforms closed to the interior by means of interior plastic membranes adapted to the environmental conditions of a place like Oaxaca. We allow the vegetation of the immediate surroundings to continue to grow without hindrance, thus having a minimal impact. We limit connections to urban infrastructure like removable surface installations through which users connect to the urban network, to the point that once the house is gone and disconnected from the general urban network, the land will return to its natural state after the first rainy season. We promote a fast, simple, accessible, and inclusive approach, in which users understand and participate in the entire construction process, being able to transport their home, modify its structure, and adapt new spaces to any living situation in a simple way. The city is used to deciding only when to expand; it can also reduce its size and recover natural spaces. Contemporary nomads find an answer to the problems of the 21st century.

DVCH DeVillarChacon Arquitectos is an architecture office founded in

2008 by José de Villar Martínez and Carlos Chacon Pérez, with offices in Mexico City and Madrid. Our work provides solutions for the relationship between the citizen and their environment. Our work offers architectural responses to social context that we can understand as a landscape that balances both nature and urban conditions.

La yurta

Entre los indios de América tropical, a quienes se debe la invención de la hamaca, la pobreza está simbolizada por la carencia de ese utensilio y de cualquier otro que sirva para dormir o descansar. Los nambiquara duermen en el suelo y desnudos. Como las noches de la estación seca son frías, se calientan apretándose unos contra otros, o se aproximan a las fogatas que se van apagando, de tal manera que se despiertan al alba, revolcados por el suelo entre las cenizas aún tibias del hogar. Por esta razón, los paressí los llaman *uaikoakoré*, "los que duermen en el suelo."
—Claude Lévi-Strauss, *Tristes Tropiques*

Asociamos la vida del nómada con la vida de una persona desarraigada, de costumbres extrañas para la sociedad occidental. Sin embargo, la globalización y las telecomunicaciones han generado un nuevo tipo de nómada que sencillamente vive deslocalizado, trabaja y descansa a distancia, frecuentemente modifica la composición de su familia a lo largo de su vida y se muda con mayor facilidad que en el siglo XX. Como ya planteaba Toyo Ito en 1989 en Pao II: La casa para una chica nómada en Tokio, en el año 2018 seguimos sin contar con una respuesta a la vida contemporánea para los ciudadanos con un domicilio inestable, su vivienda actual es un lastre físico y económico, que como sociedad hemos asumido que es necesario cargar. Sin embargo, pasamos por alto ejemplos de la vivienda tradicional a los que le podemos prestar atención como solución a esta problemática.
    La yurta es la vivienda vernácula de las poblaciones nómadas en

Mongolia. Se trata de una vivienda estable, transportable y que incluso se adapta a una situacion convencional de mobiliario que, pese a que se ubica en un entorno sin infraestructura urbana, produce un espacio interior semejante a lo que un ciudadano medio considera "normal" o "cómodo". No es una vivienda móvil como la autocaravana, ni una vivienda temporal como una tienda de campaña. Es la respuesta que se encuentra en la estepa central a una vida planteada como una adaptación a lo cambiante. Su construcción se basa en un revestimiento de pieles sobre un esqueleto ligero y transportable con cortinas al interior para privatizar los áreas que se puedan, la puerta exterior de madera se transporta y se decora como mecanismo de identificación y personalización. A diferencia de la vivienda convencional, se podría identificar el orden invertido de la secuencia de imágenes de su construcción como imágenes de su desmontaje.

Hemos trasladado esta filosofía a un modelo de vivienda poco invasivo, que se coloca ligeramente en un territorio a través de un esqueleto de andamiaje y una piel exterior rígida de plataformas perforadas cerradas hacia el interior por medio de membranas plásticas interiores adaptadas a las condiciones de habitabilidad de un lugar como Oaxaca. Permitimos que la vegetación del entorno inmediato siga creciendo sin cortapisas, teniendo así un impacto mínimo. Limitamos las conexiones a las infraestructuras urbanas a instalaciones superficiales desmontables a través de las cuales los usuarios se conectan a la red urbana, hasta el punto de que una vez que la vivienda desaparezca y se desconecte de la red urbana general, el terreno regresa a su estado natural tras la primera temporada de lluvias. Promovemos un enfoque rápido, sencillo, accesible e incluyente, en el que los usuarios entienden y participan en todo el proceso de construcción, pudiendo transportar su vivienda, modificar su estructura o adaptar espacios nuevos a cualquier situación de vida de manera sencilla. La ciudad está acostumbrada a decidir únicamente cuando se debe expandir, también podrá reducir su tamaño y

recuperar espacios naturales. Los nómadas contemporáneos encuentran una respuesta a la problemática del siglo XXI.

DVCH DeVillarChacon Arquitectos es una oficina de arquitectura fundada en 2008 por José de Villar Martínez y Carlos Chacón Pérez, actualmente con sedes en la Ciudad de México y Madrid. Nuestro trabajo aporta soluciones para la relación entre el ciudadano y su entorno, con respuestas a nivel arquitectónico al contexto social, el cual entendemos como el paisaje que equilibra lo natural y las condiciones urbanas.   ·

—DVCH DeVillarChacon Arquitectos

2

Tungkwan, China

The strategy in the province of Tungkwan, China, shows us how, through the subtraction and relocation of land from the place, shelter can be found below ground level. The soil properties of the region, with high porosity and great softness, allow it to move and mold easily.

This rearrangement is an action that speaks to us of sustainability, using what we have in place to generate a new spatiality with the simple displacement of matter. It is a strategy that not only respects the horizontality of the landscape but also, through a series of excavated patios, provides shade to an arid and hot context.

Photo: Settlements near Tungkwan, China in Bernard Rudofsky, *Architecture without Architects*.

The work of Frida Escobedo seeks to make evident our current social time: the use and occupation, the spontaneous appropriations, the relations between the users of a common space. Her projects can be interpreted as substrates that are processed, constructed and sedimented from participation and encounter. She has won the Young Architects Forum and the Marcelo Zambrano Scholarship.

Tungkwan, China

La estrategia seguida en la provincia de Tungkwan, China, nos muestra como, a través sustraer y reacomodar la tierra de un lugar, se puede encontrar refugio debajo del nivel del suelo. Las propiedades del suelo de la región, con una alta porosidad y gran suavidad, permiten que se pueda retirar y moldear la tierra con facilidad.

Este reacomodo es una acción que nos habla de sostenibilidad, aprovechando lo que tenemos a la mano para generar una nueva espacialidad a través de simplemente desplazar la materia de lugar. Es una estrategia que no sólo respeta la horizontalidad del paisaje sino que, a través de una serie de patios excavados, brinda sombra en un contexto árido y caluroso.

Foto: Asentamientos cerca de Tungkwan, China en Bernard Rudofsky, *Arquitectura sin arquitectos*.

El trabajo de Frida Escobedo busca evidenciar el tiempo social de la época actual: el uso y la ocupación, las apropiaciones espontáneas, las relaciones entre los usuarios de un espacio común. Se pueden interpretar sus proyectos como substratos que se procesan, construyen y sedimentan a partir de la participación y del encuentro. Ha sido ganadora del Young Architects Forum y de la Beca Marcelo Zambrano.

—Frida Escobedo

3

The Alpine House

I grew up in a small town in the Swiss Alps at 1,600 meters above sea level, in a large house with very small windows and very thick walls. Dragons and nymphs engraved on the facade by an Italian craftsman have protected and promised fertility to its inhabitants since the 17th century. The roof beams, made from tree trunks, were felled 200 years before.

Each household in the area shares similar spaces that are characterized by their size and quality to fulfill basic ancestral functions that optimize the work of their inhabitants: A large gate that leads to an oversized corridor to give access to a vehicle loaded with hay; all living spaces are arranged around the corridor to avoid long trips in the cold.

The massive appearance of the house is a reaction to extreme weather: the thick walls protect from the cold, the flared windows with a small glass surface capture the greatest amount of light while avoiding the loss of heat, the gabled roofs support the load of snow.

Although many of these houses nowadays do not fulfill the proper functions of agriculture, their architecture is part of the way of being of its inhabitants. Although it seems that they are hermetic, they are usually warm inside.

Today, after almost 20 years dedicating my time to architecture, I realize how that house is part of me and my culture, in the same way that after a decade living in Mexico I can understand the local culture and its architectural expressions.

So I ask myself: Are you the space that you inhabit or the space that you inhabit is who you are? I believe that vernacular architecture gives us an answer and in it we find its deepest meaning.

Dellekamp Arquitectos is a group of architects and designers, based in Mexico City, focused on the field of architecture, urban planning, research and development. Through a rigorous research method, we seek to find unique solutions for the specific conditions of each project. We approach each project without a preconceived idea about its results, deliberately allowing external influences to shape our design process.

La casa alpina

Me crié en un pequeño pueblo en los Alpes suizos a mil 600 metros sobre el nivel del mar, en una casa grande con ventanas muy pequeñas y muros muy gruesos. Desde el siglo XVII, los dragones y las ninfas grabados en la fachada por algún artesano italiano protegen y prometen fertilidad a sus habitantes. Las vigas del techo, hechas de troncos de árbol, fueron taladas 200 años antes.

Cada hogar de la zona comparte espacios semejantes que se caracterizan por sus dimensiones y calidad para cumplir funciones ancestrales básicas que optimicen las labores de sus habitantes: Un portón grande que da a un corredor sobredimensionado, da acceso a un vehículo cargado con paja; todos los espacios habitables se acomodan al rededor del corredor para evitar recorridos largos en el frío.

La apariencia masiva de la casa es una reacción al clima extremo: los muros gruesos protegen del frío, las ventanas abocinadas con una superficie de cristal pequeña captan la mayor cantidad de luz y, a la vez, evitan la pérdida de calor; los techos a dos aguas aguantan la carga de la nieve.

Aunque hoy en día muchas de estas casas ya no cumplen con las funciones propias de la agricultura, su arquitectura forma parte de la manera de ser de sus habitantes. Aunque parecieran ser herméticas, por dentro suelen ser cálidas.

Hoy, después de casi 20 años de dedicarme a la arquitectura, me doy cuenta cómo esa casa es parte de mí y de mi cultura, de la misma manera en que después de una década de vivir en México, puedo entender la cultura local y sus expresiones arquitectónicas.

Entonces me pregunto: ¿acaso eres el espacio que habitas, o bien, el espacio que habitas eres tú? Creo que la arquitectura vernácula nos da una respuesta y en ella encontramos su significado más profundo.

Dellekamp Arquitectos es un grupo de arquitectos y diseñadores, basados en la Ciudad de México, que se enfoca en el campo de la arquitectura, el urbanismo, la investigación y el desarrollo. A través de un riguroso método de investigacion, buscamos encontrar soluciones únicas para las condiciones específicas de cada proyecto. Nos acercamos a cada proyecto sin ideas preconcebidas acerca de sus resultados, permitiendo deliberadamente que las influencias externas den forma a nuestro proceso de diseño.

—Dellekamp Arquitectos | Derek Dellekamp & Jachen Schleich

4

The Rural House

The Mexican rural house is the vernacular housing of my predilection, in particular, the Purépecha *troje* and the Mayan house. What attracts me most to both types are their multi-functionality, the purity in the use of natural materials, and their bioclimatic solutions. The contrasts of light and shadow around a timeless and adaptable spatiality. The craftsmanship that is required to achieve a space of effective simplicity seems to me of incalculable value that must be preserved. Both are an expression of the social foundation of two ancient cultures; they are social constructions as well as dwellings.

The *trojes* are used as a dwelling house on the ground floor and to store grain in *tapanco*. They are made with thick pine or oak planks, and wood dowels are used instead of nails. The overhangs of the roofs of shingles form vast portals. This sacred space of family reunion and storage of the corn was complemented by other elements in the property: the kitchen with a large hearth, a distribution yard designed both for handicraft work and the raising of small animals, and a cultivation area of vegetables. The constructions are carpentry works that require great skill to perform an accurate assembly. The process of curing and waterproofing the wood is extraordinary; these constructions can last up to 200 years, resisting moths, rain, and heat.

The Mayan house is an oval-shaped dwelling built of wood and stone, with gable roofs of *guano* palm. The walls are made with wooden rods of bajarete covered with mud. They lack windows but have two doors, one front and one rear that allow for ventilation. The walls act thermally, staying cool in the heat and warm in the cold. The tamped sand floor prevents water from entering the house. The wooden *horcones* are braided with vines, and wooden knots are formed with vegetable fibers. The Mayan site is divided into an area of orchard, a corral, a place for laundry, and a well as a means of economic production for self-consumption. In some remote villages, the custom of building these houses in a communal manner is maintained: everyone builds for everyone else.

The fact that in Mexico there is still a construction tradition that knows how to work wood, stone, sand, and vegetable fibers by hand allows us to do things that are not possible in other countries. In that sense, the technologization in the field of construction quickly destroys the constructive genetics of a territory. The craft of working certain materials keeps alive a legacy of skills passed down through generations. In the construction of this type of housing there is a biocultural memory of the territory: these dwellings, apparently simple, communicate to us the art of inhabiting space and the material alliances that can be forged with the land and the landscape.

Rozana Montiel | Estudio de Arquitectura is a team that focuses on architectural design and artistic re-conceptualizations of space and the public domain. The studio works on projects at different scales and strata, from the city to the micro-object, artifacts, and books. Her work has been presented at the biennials of São Paulo, Venice, Rotterdam, and Lima.

La casa rural

La casa rural mexicana es la vivienda vernácula de mi predilección, en particular, la troje purépecha y la casa maya. Lo que más me atrae de ambas tipologías es su multi-funcionalidad, la pureza en el uso de materiales naturales, y sus soluciones bioclimáticas. Los contrastes de luz y sombra llevan a una espacialidad atemporal y adaptable. La maestría artesanal que se requiere para lograr un espacio de sencillez eficaz me parece de un valor incalculable que debe ser conservado. Además de que estas dos tipologías son una expresión del cimiento social de dos culturas antiguas: son construcciones sociales a la vez que moradas.

Las trojes se utilizan como casa-habitación en planta y como granero en el área del tapanco. Están hechas con gruesos tablones de pino o encino, y se utilizan tacos de madera en vez de clavos. Los volados de los techos de tejamanil forman vastos portales. Este espacio sagrado de reunión familiar y almacenamiento del maíz se complementa con otros elementos en el predio: la cocina con un gran fogón, un patio de distribución designado tanto para la labor artesanal como para la crianza de animales menores y un área para cultivar hortalizas. Las construcciones son obras de carpintería que requieren de una gran destreza para realizar un ensamble exacto. El proceso de curar e impermeabilizar la madera es extraordinario: estas construcciones pueden llegar a durar hasta 200 años, resistiendo a la polilla, la lluvia y el calor.

La casa maya es una vivienda de planta oval construida de madera y piedra, con techos a dos aguas de palma de guano. Las paredes están hechas con varas de madera de bajarete recubierto con embarro. Carecen de ventanas, pero constan de dos puertas, una enfrente y la otra atrás que permiten que haya ventilación; son completamente térmicas: se mantienen frescas en la época de calor y templadas en la época de frío. El desplante de su piso de arena apisonada impide la entrada de agua a la vivienda. Los horcones de madera se trenzan con bejucos, se forman emparrillados de madera anudados con fibras vegetales. El solar maya se divide en el huerto, un corral, el lavadero, y un pozo como medios de producción económica para el autoconsumo. En algunos pueblos remotos, se mantiene la costumbre de construir estas casas de manera comunitaria: todos fincan para todos.

El hecho de que en México aún haya una tradicion de construcción que sepa trabajar artesanalmente la madera, la piedra, la arena y las fibras vegetales, permite hacer cosas que en otros países ya no se puede. En ese sentido, la tecnologización en el ámbito de la construcción, acaba velozmente con la genética constructiva de un territorio. El oficio de trabajar ciertos materiales mantiene vivo un legado de destrezas transmitidas por generaciones. En la construcción de este tipo de vivienda existe una memoria biocultural del territorio: estas moradas, aparentemente sencillas, nos comunican el arte de habitar el espacio y las alianzas materiales que se pueden forjar con la tierra y el paisaje.

Rozana Montiel | Estudio de Arquitectura es un equipo que se enfoca en el diseño arquitectónico y en re-conceptualizaciones artísticas del espacio y el ámbito público. El estudio trabaja proyectos a distintas escalas y estratos, desde la ciudad hasta el micro-objeto, artefactos y libros. Su trabajo se ha presentado en las bienales de São Paulo, Venecia, Róterdam y Lima.

—Rozana Montiel Estudio de Arquitectura

5

In Esperanza: What is approaching without being part?

The vernacular housing features solutions developed by their users, constantly supported by the community. They adapt and develop the living space with local resources and make use of the inherited knowledge. The vernacular is a mirror to the understanding of a local environment, located mainly in rural communities of the country.

On this occasion, the field of work of the office responds to a context different from that mentioned, which does not imply that the poetic and the multiple learnings that safeguard the vernacular housing are not recognized. But we have observed the geographical circumstances, which have been populated by anonymous buildings that lie between the urban and the rural.

At present, the urbanization of the Mexican territory has concentrated the creative, political, and economic interest in the nuclei of the urban areas, in such a way that the peripheral, intermediate, or rural populations have been completely outside of any attempt of planning or regulation. The construction of housing in these areas is in its entirety an exercise in self-construction, where the principles

of the vernacular are mixed with the interpretations of "the modern" that arise from the urban nuclei.

Therefore, the use of local traditions and materials is replaced by new construction systems (mainly concrete) that respond to cost and distribution schemes, generate a new aesthetic, and even a new idiosyncrasy of the house-of-material as a symbol of progress to "modernity." These transformations complete a blurred appropriation of the territory and generate an architecture that responds to simple forms, contradictions, abstract ideas, and homes planned with naivety in the fashion of a fairy tale. The aesthetics of these houses that standardize and are characterized by this hybrid are a reason for study, to establish a dignified dialogue in the absence of planning or understanding of this new territory that is foreign to the system of cities.

All the previous evidence shows a constructive process that before the lack of knowledge, resources and finishes converts the austerity, the unfinished, the incoherent or puerile in the representations of the architectural language of everything that approaches, without getting to be part of the urban nuclei.

We are a team that performs art and architecture projects in direct response to human and social concerns, applying functional solutions in tune with the natural (light, gravity, nature). We want our projects to express quality and warmth, with constructive clarity capable of communicating the essence of who we are and where we come from.

En Esperanza: Lo que se aproxima sin ser parte

Las viviendas vernáculas responden a soluciones adquiridas por los usuarios de las mismas, constantemente apoyados por la comunidad. Adaptan y desarrollan el espacio habitable con los recursos locales y hacen uso del conocimiento heredado. Lo vernáculo es un espejo al entendimiento del medio ambiente local, ubicado principalmente en comunidades rurales del país.

En esta ocasión, el campo de trabajo de la oficina responde a un contexto distinto al mencionado, lo cual no implica que no se reconozca la poética y los múltiples aprendizajes que salvaguardan las viviendas vernáculas. Sino que hemos observado las circunstancias geográficas, que se han poblado por construcciones anónimas, que resultan entre lo urbano y lo rural.

En la actualidad, la urbanización del territorio mexicano ha concentrado el interés creativo, político y economico en los núcleos de las zonas urbanas, de tal modo que las poblaciones periféricas, intermedias o rurales han quedado, completamente, fuera de cualquier intento de planeación o reglamentación. La construcción de vivienda en dichas zonas es en su totalidad un ejercicio de auto-construcción, donde los principios de lo vernáculo se mezclan con las interpretaciones de "lo moderno" que surgen de los núcleos urbanos.

Así, el uso de tradiciones y materiales locales se sustituye por nuevos sistemas constructivos (principalmente el concreto) que responden a esquemas de costo y distribución, generan una nueva estética e incluso, una nueva idiosincrasia de la casa-de-material como símbolo de progreso a la "modernidad." Estas transformaciones completan una desdibujada apropiación del territorio y generan una arquitectura que responde a formas simples, contradicciones, ideas abstractas y hogares planificados con ingenuidad a modo de cuento. La estética de estas viviendas que uniformizan y se caracterizan por este híbrido, son motivo de estudio para establecer un diálogo digno ante la falta de planeación o entendimiento de este nuevo territorio que es ajeno al sistema de ciudades.

Todo lo anterior evidencia un proceso constructivo que ante la falta de conocimiento, recursos y acabados convierte la austeridad, lo inacabado, lo incoherente o pueril en las representaciones del lenguaje arquitectónico de todo lo que se aproxima, sin llegar a ser parte de los núcleos urbanos.

Somos un equipo que realiza impecablemente proyectos de arte y arquitectura en respuesta directa a las preocupaciones humanas y sociales, aplicando soluciones funcionales en sintonía con lo natural (la luz, la gravedad, la naturaleza). Buscamos que nuestros proyectos expresen calidad y calidez, con claridad constructiva capaz de comunicar la esencia de lo que somos y de donde venimos.

—Ambrosi | Etchegaray

Border Town Fever

You take the train from Yuma,
Down to Mexicali,
And by the crack of midnight
You've got that border town fever
—Tim Buckley, "Mexicali Voodoo"

The blazing mid-summer sun falls relentlessly on the gridded streetscape of Mexicali's Conjunto Urbano Orizaba. Located along an uncertain fringe where the city gives way to an ambiguous and fragmented patchwork of suburban, industrial, rural and desert landscapes, "La Orizaba" is a loose grouping of low-rise, middle-to-low-income, single-family homes scattered throughout a desolate stretch of undefined landscape and oversized streets. It is, in more ways than one, a quintessentially Mexicali neighborhood, inevitably trapped in a peri-urban vast land where the cruelty of the desert and the cruelty of modernity violently overlap.

The site's overwhelming flatness is suddenly interrupted by a towering tamarisk surrounded by a group of mound-like formations that at a distance—and through the feverish mirage of the 125-degree heat haze—suggest

a progression of white sand dunes blending seamlessly into the nearby Centinela Mountain. But upon closer inspection they expose their true—though not less puzzling—nature: an apparently haphazard amalgamation of undulating architectural forms that lies somewhere in between the vestiges of a primitive Cocopah village and the half-forgotten dreams of some SoCal Google utopia.

Designed and built in the mid-seventies, during Mexicali's transition from an agricultural to an industrial economy, this small housing unit, known as The Mexicali Project, was conceived as a critical response to the "depressing burden" of modern mass housing and to the "grim business of facts and figures" that controls its production. The initiative was led by architect Christopher Alexander and put forward a "system of production" that was to recover "the real meaning of beauty" and "the idea of houses as places which express one's life," and at the same time proving that it is "possible for people to live in human and decent houses, at a reasonable cost."

But somewhere along the way, Alexander's "border town fever" dream began to fall apart and slip away into oblivion—slowly, silently, almost unnoticed. Over the years, many scholars—most noticeably Ana Laura Ruesjas, Dorit Fromm, and Peter Bosselmann—have set out to reconstruct and explain the rise and fall of The Mexicali Project. And even though many questions remain unanswered to this day, the empty and crumbling post-utopian ruins of these "few houses" continue to hold countless clues for decoding some of the key problems concerning the "production of houses" in the modern world.

Zooburbia is an office run by Rodrigo Durán and Felipe Orensanz. Their writings and projects have been published in magazines such as CLOG, MONU, Ground Up, Displacements, Horizon, LUNCH, STUDIO, FOLIO, Pidgin, *and* Critic's Blog, *and have been exhibited at the Museum of the City of New York, the Storefront for Art and Architecture, and the MUAC UNAM.*

La fiebre de la ciudad fronteriza

Tomas el tren de Yuma,
Hasta Mexicali
Y al empezar la medianoche
Ya te contagiaste de la fiebre de esa ciudad fronteriza
—Tim Buckley, "Vudú de Mexicali"

El sol abrasador del verano cae sin piedad sobre la retícula vial del Conjunto Urbano Orizaba de Mexicali. Ubicado sobre una franja incierta donde la ciudad se convierte en un ambiguo y fragmentado mosaico de paisajes suburbanos, industriales, rurales y desérticos, "La Orizaba" es un distendido grupo de pequeñas casas unifamiliares de nivel medio a medio-bajo esparcidas a lo largo de una desolada extensión de áridos terrenos baldíos y avenidas sobredimensionadas. En muchos sentidos, es un típico barrio mexicalense, atrapado irremediablemente en una tierra periurbana donde la crueldad del desierto y la crueldad de la modernidad se traslapan violentamente.

De pronto, la avasalladora horizontalidad del terreno se ve interrumpida por un enorme tamarisco que se yergue en medio de un grupo de montículos que a la distancia (y a través del espejismo febril producido por los 52 grados centígrados de temperatura ambiente) sugieren una secuencia de dunas de arena blanca que se funden de manera continua con el cercano Cerro del Centinela. Sin embargo, ante un examen más detallado, revelan su verdadera naturaleza, aunque no por eso menos desconcertante: una amalgama aparentemente desordenada de ondulantes formas arquitectónicas yace entre los vestigios de una primitiva aldea cucapá y los sueños parcialmente olvidados de alguna utopía sudcaliforniana en Google.

Diseñada y construida a mediados de los años setenta, cuando Mexicali realizaba la transición entre una economía agrícola hacia una industrial, se concibió esta pequeña unidad habitacional, conocida como el Proyecto Mexicali, como una respuesta crítica a la "carga depresiva" de unidades habitacionales modernas a gran escala y al "nefasto negocio de datos y cifras" que controla su producción.

El arquitecto Christopher Alexander estuvo a cargo de la iniciativa y proponía un nuevo "sistema productivo" que recuperara "el verdadero significado de la belleza" y "la noción de la casa como un lugar que expresa la vida de cada uno de nosotros." Al mismo tiempo, pretendía demostrar que sí es "posible que las personas vivan en casas humanas y dignas, a un precio razonable".

Sin embargo, en algún punto del camino, el sueño de la "fiebre fronteriza" de Alexander se comenzó a resquebrajar y a desvanecerse lenta y silenciosamente hacia el olvido, de forma casi desapercibida. A lo largo de los años, distintos estudiosos (en especial Ana Laura Ruesjas, Dorit Fromm y Peter Bosselmann) se han dado a la tarea de reconstruir y explicar el auge y la caída del Proyecto Mexicali. Aunque muchas preguntas siguen sin responder, las desiertas y desmoronadas ruinas post-utópicas de estas "cuantas casas" ofrecen incontables pistas para descifrar algunos de los problemas clave de la "producción de casas" en el mundo moderno.

References:
Christopher Alexander, "Mexicali Revisited: Introduction," *Places Journal* 1, No. 4 (1984).
Christopher Alexander, *The Production of Houses* (Oxford: Oxford University Press, 1985).
Dorit Fromm and Peter Bosselmann, "Mexicali Revisited: Seven Years Later," *Places Journal* 1, No. 4 (1984).
Ana Laura Ruesjas, *The Mexicali Experimental Project: An Analysis of Its Changes* (Montréal: McGill University, 1997).

Foto: © Center for Environmental Structure

Zooburbia es una oficina dirigida por Rodrigo Durán y Felipe Orensanz. Sus escritos y proyectos han sido publicados en revistas como CLOG, MONU, Ground Up, Displacements, Horizon, LUNCH, STUDIO, FOLIO, Pidgin, y Critic's Blog, y se han incluido en exposiciones en el Museo de la Ciudad de Nueva York, el Storefront for Art and Architecture y el MUAC de la UNAM.

—Rodrigo Durán + Felipe Orensanz / Zooburbia

7

Casa Autoproyectar

Our project for Infonavit's "From the Territory to the Dweller" initiative is for the rural farming village of Nanacamilpa de Mariano Arista in the state of Tlaxcala. We found inspiring the notion of a rural family of limited means building their own house— guided by, but not strictly beholden to, a provided design. We took inspiration from the *Manual del campesino* by Víctor José Moya y Ramon Galaviz of 1936. The Manual was provided to farmers by the federal government to give guidance on everything from the mixing of concrete to the design of dwellings, latrines, chicken coops, and stage sets. The ambitions of the designs are modest yet it provides a touching portrait of lives and needs of rural Mexicans of that era and seems to also reflect the ideological promise of the early years after the revolution. A second book, Enzo Mari's *Autoprogettazione* of 1974 (our copies of both books are pictured here) also provides designs that may be built and modified at will—here though only for domestic furnishings. More limited in scope but more ambitious in its designs, it is the product of a different left-leaning milieu—Italy in the 1970's. As the name suggests, it presents itself as a modest tool for emancipation. Mari allows anyone, except professional furniture companies, to freely build and modify the provided designs. Our project may be viewed as a hybridization of these two approaches. The base structure of floors and walls are to be built of concrete blocks and slabs in the same manner as almost all of the houses in Nanacamilpa. The roof, on the other hand, is an engineered stressed skin panel structure designed to allow a relatively large clear span but built simply with wood studs, plywood, and screws. The walls create a generous layout of indoor and outdoor spaces while the roof gives the house a distinct presence.

Recognized for articulating emerging sensibilities in a prophetic manner, Zago Architecture combines quasi-autonomous aesthetic studies with the art of making buildings and cities. Thus, it reaffirms the substantial and productive link existing between art, architecture and urbanism. Andrew Zago, its director, has 30 years of professional experience in architecture, urban planning and teaching.

Casa Autoproyectar

Nuestro proyecto para la iniciativa de Infonavit "Del territorio al habitante", se dirige al pueblo rural de Nanacamilpa de Mariano Arista en el estado de Tlaxcala. Nos inspiró la idea de que una familia rural de medios limitados construyera su propia casa, guiados por un diseño que se les proporcionara sin que tuvieran que ceñirse a él por completo. Nos inspiró el *Manual del campesino* de Víctor José Moya y Ramon Galaviz publicado en 1936. El gobierno federal le entregó este manual a los campesinos para brindarles orientación sobre muchos temas, desde cómo mezclar el concreto hasta cómo diseñar viviendas, letrinas, gallineros e incluso escenografías. Las ambiciones de los diseños son modestas, pero proporcionan un retrato conmovedor de las vidas y las necesidades de los mexicanos en las áreas rurales de esa época y parecen reflejar también la promesa ideológica de los primeros años posteriores a la revolución. Un segundo libro, el manual *Autoprogettazione* de Enzo Mari publicado en 1974 (aquí estamos mostrando nuestras copias de estos dos libros), también proporciona diseños que se pueden construir y modificar a voluntad, aunque aquí sólo se trata de muebles domésticos. De alcance más limitado, pero más ambicioso en sus diseños, es el producto de la izquierda italiana en la década de los años setenta. Como su nombre lo indica, se presenta como una herramienta modesta para la emancipación. Mari permite que cualquier persona, excepto las empresas de muebles profesionales, construya y modifique libremente los diseños proporcionados. Nuestro proyecto puede verse como un híbrido de estos dos enfoques. Los cimientos de los pisos y las paredes se construirán con bloques y losas de concreto, como la mayoría de las casas en Nanacamilpa. El techo, por otro lado, es una estructura de panel de revestimiento estresado diseñada para permitir un espacio libre relativamente grande, pero construido sencillamente con postes de madera, triplay y tornillos. Las paredes crean una disposición generosa de espacios interiores y exteriores, mientras que el techo le da a la casa una presencia distintiva.

Foto: *Manual del campesino*, Víctor José Moya y Ramon Galaviz, 1936; *Autoprogettazione*, Enzo Mari, 1974 (edición de 2014).

Reconocidos por articular sensibilidades emergentes de manera profética, Zago Architecture combina estudios estéticos cuasi autónomos con el arte de hacer edificaciones y ciudades. Así, reafirman el vínculo substancial y productivo existente entre el arte, la arquitectura y el urbanismo. Andrew Zago, su director, cuenta con 30 años de experiencia profesional en arquitectura, urbanismo y docencia.

—Zago Architecture

8

The Troje

We cannot refer to a favorite dwelling. We believe that all dwellings that have emerged as a product of necessity, yet with the sensitivity and common sense to respond to not only physical and local, but also cultural and social needs of the inhabitants, are the object of our constant research and admiration. All of them are beautiful in their own way. However, we will mention one in particular, because, for more than five years, we were very close to observing it and making it part of our daily life. Since 2010, our office has developed projects in the state of Michoacán. Different cities of the state were studied for the opportunity to develop local public and judicial projects. In our travels to reach all these distant places with different climatic and soil characteristics, again and again we come across a unique typology of that territory nicknamed *TROJE*.

From Lake Cuitzeo to Santa Clara del Cobre, passing through Tierra Caliente, the *troje michoacana* is a reference point for the cultural landscape of this territory. Seen in detail, this beautiful dwelling has proportions no greater than 4 x 4 meters and sits in the middle of the lake plains and the forests of Michoacán under a transient logic of migrating within its "own territory" as many times as necessary to properly receive light and sun. An intelligent system of articulated construction without any nails allows the *troje* to be simply assembled and disassembled countless times to move in a terrain, according to the time of the year. The treatment of the

wood, the way in which its constructive system is articulated, its warm interior spatial quality due to its almost blind condition to the exterior—a little *penumbrosa* and with larger proportions in its central axis—allows its inhabitant an unparalleled room quality in terms of climatic and spatial atmosphere refers. The opportunity to have a *tapanco* that increases its size and its mobility makes it versatile and contemporary at the same time. Its great vulnerability is that the forests have been cut indiscriminately. The wood industry has not had a fortunate evolution in this country, and the knowledge in the production of simple but intricate systems such as these has disappeared. Today, *tejamanil* is a prohibited practice because of the issues already mentioned, and local knowledge is far from approaching the wise and intelligent work with a local resource that used to be wood.

For us, the *troje* was a fundamental reference for the conceptual construction of our multiple Oral Trial Chambers in the state of Michoacán.

Since its founding in 1991, the studio has been working with the intention of developing a contemporary architecture sensitive to context and the environment, combining an adequate selection of materials from the region with those of the best available technology. The dignity and quality of the spaces is a constant in all the projects they carry out, seeking the perfect balance of budget, context, typology and, of course, the function.

La troje

No podemos referirnos a una vivienda favorita. Creemos que todas las viviendas que han surgido como producto de la necesidad, aunque con la sensibilidad y el sentido común para responder a las necesidades no sólo físicas y locales, sino también culturales y sociales de los habitantes, son objeto de nuestra constante investigación y admiración. Todas ellas son hermosas desde su propia naturaleza. Sin embargo, mencionaremos una en particular porque durante más de cinco años nuestro trabajo estuvo muy cerca de observarla y de que formara parte de nuestra experiencia. Desde el 2010, nuestra oficina estuvo desarrollando proyectos en el estado de Michoacán. Distintas ciudades del estado fueron objeto de estudio por la oportunidad de desarrollar proyectos locales de carácter público y judicial. En nuestros viajes para llegar a todos estos sitios lejanos entre sí y con características climáticas y de suelo distintas, nos topamos una y otra vez con una tipología única de ese territorio "apodada": la TROJE.

Desde el Lago de Cuitzeo hasta Santa Clara del Cobre, pasando por Tierra Caliente, la troje michoacana es un referente del paisaje cultural de este territorio. Vista de manera detallada, esta hermosa pieza de proporciones no mayores a 4 x 4, se asienta en medio de los llanos lacustres y los bosques michoacanos bajo una lógica transitoria de migrar dentro de su "propio territorio" cuántas veces sea necesario para recibir correctamente la luz y el sol. Un sistema inteligente de ensamble articulado, sin ningún clavo de por medio, permite, a manera de lego, armar y desarmar un sinnúmero de veces la troje para moverse en un terreno, según la época del año. El tratamiento de la madera, la manera en la que se articula su sistema constructivo, así como su cálida calidad espacial interior por su condición casi ciega al exterior, un poco penumbrosa y de proporciones mayores en su eje axial, permite a sus habitantes una inigualable calidad habitacional en cuanto a atmosfera climática y espacial se refiere. La oportunidad de tener un tapanco que amplía los metros cuadrados y su flexibilidad móvil, lo vuelven versátil y contemporáneo a la vez. Su gran fragilidad es que los bosques han sido talados indiscriminadamente. En México, la industria de la madera no ha tenido una evolución afortunada y el conocimiento en la producción de sistemas sencillos pero complejos como estos ha desaparecido. El tejamanil es hoy una práctica prohibida por los mismos temas mencionados y el conocimiento local dista mucho de acercarse al trabajo sabio e inteligente con un recurso local que solía ser la madera.

Para nosotros, la troje fue un

referente fundamental para la construcción conceptual de nuestras múltiples Salas de Juicios Orales realizadas en el estado de Michoacán.

Desde su fundación en 1991, el Taller trabaja con la intención de desarrollar una arquitectura contemporánea sensible al contexto y el medio ambiente, combinando una adecuada selección de materiales de la región con materiales producidos con la mejor tecnología disponible. La dignidad y la calidad de los espacios es una constante en todos los proyectos que realizamos, buscando el equilibrio perfecto entre el presupuesto, el contexto, la tipología y, por supuesto, su función.

—Taller | Mauricio Rocha + Gabriela Carrillo

9

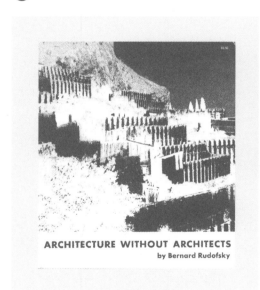

Architecture Without Architects

All those that appear in the book titled *Architecture without Architects* by Bernard Rudofsky.

Alberto Kalach was born in Mexico City in 1960. He studied architecture at the Universidad Iberoamericana and Cornell University in Ithaca, New York. He has carried out various architectural and urban projects, from minimum housing using 5,000 dollars

to the environmental hydrological rescue plan for the entire basin of Mexico.

Arquitectura sin arquitectos

Todas las citas que aparecen vienen del libro titulado *Arquitectura sin arquitectos* de Bernard Rudofsky.

Alberto Kalach nació en la Ciudad de México en 1960. Realizó sus estudios de arquitectura en la Universidad Iberoamericana y en la Universidad de Cornell en Ithaca, Nueva York. Ha realizado diversos proyectos arquitectónicos y urbanos, desde vivienda mínima de 5,000 dólares hasta el plan de rescate hidrológico ambiental para toda la cuenca de México.

—Taller de Arquitectura X

10

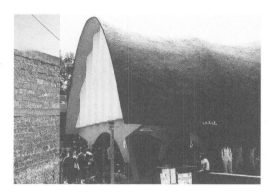

A New Figural Vernacular

Combining the vernacular construction type of a concrete and brick infill with a thin-shell concrete roof structure results in a hybrid typology offering the ability to create multiple facade profiles and figures to the house, thus offering infinite variations and resisting the mundane and repetitive nature of mass housing. In this simple maneuver, the character of each home is manifested in the specific profile of the facade and roof, creating an individual identity, separate and distinct from its neighbors.

The shell roof's invention is primarily owed to the geometry that underpins it: the ruled surface. Originally that geometry was found in the traditions of paraboloids in the Indonesian Batak, the conoidal yurts of Mongolia, and others. The ruled surface as a vernacular item more recently was utilized in the Nissen and Quonset huts of WWI and WWII. Semi-circular in section, their hallmark was structural efficiency and ease of construction. Those same efficiencies were leveraged in Fernand Aimond's thin shell roofs of the 1930s, and Felix Candela's hyperbolic paraboloids of 1950s and '60s. Specifically, Felix Candela's Cosmic Rays Pavilion of 1951 in Mexico City serves as both an important cultural reference specific to Mexico and an architectural precedent in terms of form, structure, and material. In our own work, our investigations into conoid and ruled surfaces have a history in the office starting with our work on the Variety Boys & Girls Club in Los Angeles, a project which also combined the vernacular of bow-truss building construction and a single surface that created the new form of the addition. Our installation, *Keep Off The Grass!* at SCI_Arc also explored the formal aspects of the ruled surface as they pertained to commenting on the cultural implications of sod lawns in suburban environments.

 In our Infonavit housing project, the ruled surface of the roof allows dynamic and undulating form at the upper level, and by slicing it at rotational points as it intersects the rectangular walls of the house, it is able to produce distinct figures. The figural profile of the elevation is thus a direct result of where the thin shell roof is cut short. The roof form is still a developable surface, using straight lines to form the shape and offer simpler methods of constructability. All four elevations of each house are also distinct and offer different figures and interpretations based on how the geometry of the roof meets the walls to create a specific profile.

 This simple system of combining existing vernacular construction techniques with an elegant geometric method creates a multitude of interpretations for potential homeowners. It is expected that the individual profiles both three dimensionally in the interior, and more substantially manifest in the exterior elevations, will give a sense of identity and individuality to each home.

Griffin Enright Architects is an interdisciplinary firm based in Los Angeles with institutional, cultural, and residential projects built nationally and abroad. It was founded by Margaret Griffin and John Enright as a collaborative design practice that explores new prospects for the built environment through its integration of architectural, urban, landscaping, and interior design.

Una nueva figura vernácula

Combinando el tipo de construcción vernácula de un relleno de concreto y ladrillo con una estructura de cascarón delgado de concreto colado produce una tipología híbrida que ofrece la capacidad de crear múltiples perfiles de fachada y figuras para la casa, ofreciendo infinitas variaciones y resistiendo la naturaleza mundana y repetitiva de la vivienda social. En esta simple maniobra, el carácter de cada casa se manifiesta en el perfil específico de la fachada y el techo, creando una identidad individual, separada y distinta de la de los vecinos.

 La invención del techo de cascarón se debe principalmente a la geometría que lo sostiene: la superficie cuadriculada. Originalmente, esa geometría se encontraba en las tradiciones de los paraboloides en el batak indonesio, en los yurtas conoidales de Mongolia y en otras estructuras. La superficie cuadriculada como elemento vernáculo se utilizó más recientemente en las cabañas Nissen y Quonset de la primera y segunda guerras mundiales. El sello distintivas o de su sección semi-circular, es la eficiencia estructural y la facilidad para construirlas. Esas mismas eficiencias se aprovecharon en los delgados techos de cascarón de Fernand Aimond en la década de los treinta y los hiperbólicos paraboloides de Félix Candela de los años cincuenta y sesenta. Específicamente, el Pabellón de Rayos Cósmicos de Félix Candela de 1951, en la Ciudad de México, sirve como una importante referencia cultural específica de México, y un precedente arquitectónico en términos de forma, estructura y material. En nuestro propio trabajo, nuestras investigaciones sobre las superficies conoides y cuadriculadas tienen una historia en la oficina, comenzando con nuestro trabajo en el Variety Boys & Girls Club en Los Ángeles, un proyecto que también combina la construcción vernácula de edificios con armazón de proa y una única superficie que crea una nueva forma de ampliar la construcción. Nuestra instalación, *Keep Off The Grass!* en SCI_Arc también exploró los aspectos formales de la superficie cuadriculada en lo que respecta a comentar las implicaciones culturales de los jardines de césped en ambientes suburbanos.

 En nuestro Proyecto de Viviendas de Infonavit, la superficie cuadriculada del techo permite una forma dinámica y ondulante en el nivel superior, y al cortarla en puntos de rotación donde se que intersecta con las paredes rectangulares de la casa, es capaz de producir figuras distintas. El perfil figurativo de la elevación es, por lo tanto, un resultado directo de donde se corta el techo de cascarón delgado. La forma del techo sigue siendo una superficie con posibilidades de desarrollarse, utilizando líneas rectas para configurar la forma y ofrecer métodos más sencillos de constructibilidad. Las cuatro elevaciones de cada casa son también distintivas y ofrecen diferentes figuras e interpretaciones basadas en cómo la geometría del techo se junta con las paredes para crear un perfil específico.

 Este sencillo sistema de combinar las técnicas de construcción vernáculas existentes con un elegante método geométrico crea una multitud de interpretaciones para los propietarios potenciales. Se espera que los perfiles individuales tridimensionales en el interior, y más sustancialmente manifiestos en las elevaciones exteriores, le den un sentido de identidad e individualidad a cada casa.

Griffin Enright Architects es una firma interdisciplinaria con sede en Los Ángeles con proyectos institucionales, culturales y residenciales construidos a nivel nacional y en el extranjero. La firma la fundaron

Margaret Griffin y John Enright como una práctica de diseño colaborativo que explora nuevos prospectos para el entorno construido a través de integrar el diseño arquitectónico, urbano, paisajista e interior.

—Griffin Enright Architects

11

Self-built Homes

One of the aspects that we try to understand in our practice is self-construction. It is estimated that there are currently about fifteen million households with these characteristics in settlements in the metropolitan area.

The self-construction of housing prevails as a constant, a form of survival and popular knowledge. These buildings are still reproduced throughout the country, along with materials, technologies, and techniques, forming an extensive manual of popular construction.

Throughout the country, we find self-constructed dwellings built from the ground up or simply as a method of enlarging a generic unit. Each of them has different forms of execution that reflect the appropriation and adaptation of the spaces by the users, as well as their social and socioeconomic context. With very basic concepts and local materials, different typologies are created that respond as a principle to the basic needs of the people who inhabit them.

As a consequence, we consider housing as an element in constant change, which must allow the versatility to adapt to different programs according to the demands of its inhabitants. This has become a constant of our practice and lines of research.

Understanding and reinterpreting the basic aspects of self-construction, we want to provide spaces with greater qualitative power, capable of providing decent housing that is adapted to the uses and customs of users, to the diversity of family nuclei, and to the different climates in the different regions of the country. We consider it fundamental to understand these mechanisms, not only for the design of new prototypes, but also to positively reinforce self-construction, promoting materials, construction systems, techniques, and spatialities that promote quality in buildings, avoiding landslides in earthquakes or other types of disasters.

In the housing of Apan, we design under these premises. The disposition of each one of the elements of the dwelling gives possibility of growth, conserving the formal aspect of the initial dwelling, but leaving conditions to adapt it and modify it in an organized manner according to the disposition of each user.

The work of Tatiana Bilbao ESTUDIO seeks to understand architecture from the multicultural and multidisciplinary viewpoint to create humanized spaces that react to global capitalism, in order to open niches for cultural and economic development. Her work has been published in A+U, GA Houses, Domus, *and* The New York Times, *among others.*

Viviendas de auto-construcción

Uno de los aspectos que intentamos comprender en nuestra práctica es la auto-construcción. Se calcula que actualmente existen cerca de quince millones de viviendas con estas características en asentamientos del área metropolitana.

La auto-construcción de viviendas prevalece como una constante, una forma de supervivencia y de conocimiento popular. Estas edificaciones se siguen reproduciendo a lo largo del país, junto con los materiales, las tecnologías y las técnicas, configuran un amplio manual de construcción popular.

A lo largo del país, encontramos viviendas auto-construidas desde su desplante o simplemente como un método de ampliación de una unidad genérica. Cada una de ellas tiene diferentes formas de ejecución que reflejan la apropiación y adecuación de los espacios por parte de los usuarios, así como su contexto social y socioeconómico. Con conceptos muy básicos y materiales locales se crean diversas tipologías las cuales responden, en principio, a necesidades básicas de los habitantes.

En consecuencia, consideramos la vivienda como un elemento que va cambiando constantemente y que debe permitir la versatilidad de adaptarse a distintos programas, según las exigencias de sus habitantes. Esto se ha convertido en una constante de nuestra práctica y líneas de investigación.

Al entender y reinterpretar los aspectos básicos de la auto-construcción, deseamos proporcionar espacios con un mayor poder cualitativo, capaces de brindar viviendas dignas que se adecuen a los usos y costumbres de los usuarios, a la diversidad de los núcleos familiares y los diferentes climas en las distintas regiones del país. Consideramos fundamental comprender estos mecanismos, no sólo para el diseño de nuevos prototipos, sino también para reforzar positivamente la auto-construcción, promoviendo materiales, sistemas de construcción, técnicas y espacialidades que promuevan la calidad en la construcción, evitando derrumbes en sismos u otro tipo de siniestros.

En la vivienda de Apan, diseñamos bajo estas premisas. La disposición de cada uno de los elementos de la vivienda, proporciona la posibilidad de ampliar la casa, conservando el aspecto formal de la vivienda inicial, aunque permitiendo que haya condiciones para adecuarla y modificarla de manera organizada según dispongan los usuarios.

El trabajo de Tatiana Bilbao ESTUDIO busca entender la arquitectura desde una perspectiva multicultural y multidisciplinaria para crear espacios humanizados que reaccionen ante el capitalismo global, con la finalidad de abrir nichos para el desarrollo cultural y económico. Su trabajo ha sido publicado en A+U, GA Houses, Domus y The New York Times, entre otros.

—Tatiana Bilbao ESTUDIO

12

Construrama Constructions

The new contemporary Mexican landscape is the landscape influenced by poverty, industry, economy, and in particular, generic, learned design.

These are the general and specific decisions that have transformed our built landscape. The contemporary Mexican rural landscape no longer has to do with the climate, geographical, or historical condition; rather, it is more related to the industries of construction, economy, poverty, globalization, and the lack of particular labor of each site that once could define Oaxaca as Oaxaca and Yucatán as Yucatán. Increasingly, Mérida looks more and more like Tijuana and Oaxaca to Puebla.

I am more interested in the phenomenon of contemporary generic self-construction than that of nostalgic vernacular construction. In self-construction, poverty designs another landscape, a generic one, where constructions are becoming more and more similar to each other through the use of materials that are under the control of a few companies. The Mexican landscape is a showcase of the Construrama stores, what Construrama stocks is what is being built in Mexico. The franchise in construction materials dictates the aesthetics of the Mexican territory, just as the Oxxo dictates the Mexican diet throughout the country. This house has particular design conditions that speak of a new family composition and a new vision of the territory. When we travel through the country, we will be in a constant state of déjà vu, seeing repetitions of materials and constructive details, albeit with differences in the occupation of the spaces.

In 2016, Francisco Pardo Arquitecto was founded by the architect Francisco Pardo. He has redirected his efforts toward a more social, more local architectural scope, understanding this discipline as a tool for the social development of the country and the world. Francisco Pardo Arquitectos is currently working on social housing projects and different recycling projects in Mexico City.

Construcciones de Construrama

El nuevo paisaje mexicano contemporáneo es el paisaje influido por la pobreza, la industria, la economía y el diseño particular, genérico, aprendido.

Son las decisiones generales y particulares que han transformado nuestro paisaje construido. El paisaje rural mexicano contemporáneo ya no tienen que ver con el clima, las condiciones geográficas o históricas, sino que está más relacionado con las industrias de la construcción, la economía, la pobreza, la globalización y la falta de mano de obra particular de cada sitio que antes podía definir a Oaxaca como Oaxaca y a Yucatán como Yucatán. Cada vez más, Mérida se parece a Tijuana y Oaxaca a Puebla.

Me interesa más el fenómeno de la auto-construcción genérica contemporánea que el de la construcción vernácula nostálgica. En la auto-construcción es la pobreza la que diseña otro paisaje, un paisaje genérico, donde las construcciones se están pareciendo cada vez más entre sí por el uso de materiales que están bajo en control de unas pocas compañías. El paisaje mexicano es un escaparate de las tiendas Construrama, lo que Construrama tiene es lo que se construye en México. La franquicia en los materiales de construcción dicta la estética del territorio mexicano, así como los Oxxos dictan la dieta mexicana a lo largo del país. Esta vivienda tiene condiciones de diseño particulares que hablan de una nueva composición familiar y una nueva visión del territorio. Cuando viajamos por el país, estamos en un constante estado de déjà vu, viendo repeticiones de materiales y detalles constructivos, aunque con diferencias en la ocupación de los espacios.

En 2016, el arquitecto Francisco Pardo fundó el estudio Francisco Pardo Arquitect. El arquitecto Pardo ha redirigido sus esfuerzos hacia un alcance arquitectónico más social, más local, entendiendo esta disciplina como una herramienta para el desarrollo social del país y del mundo. Francisco Pardo Arquitecto actualmente trabaja en proyectos de vivienda social y diferentes proyectos de reciclado en la Ciudad de México.

— Francisco Pardo Arquitecto

13

The Family Home

The family home is the most important manifesto of the cultural, historical, and geographical conditions of a community. It also represents the values and beliefs—in addition to the greatest asset of the heritage—of the minimum and most solid institution that makes up our society: the family.

Infonavit has commissioned us to come up with a solution for a "repeatable" house for a "rural" family in the lake region south of Mexico City.

Based on the conviction that no two families are alike, we have chosen not to design a house but a system that can be adapted to the conditions of each family group.

The project we present consists of a kit of parts, which can be acquired and assembled according to the needs and desires of each family. Each of these houses can be produced with elementary tools in a short amount of time, with the collective effort of the same members of the group close to the family nucleus, as is also customary.

The form and spatiality of each house that is produced corresponds to the traditions of habitation in the area, and the tectonic conditions and materials used represent the latest technologies available for the economy corresponding to each project.

TEN Arquitectos develops research projects, design, architecture and infrastructure. With 31 years of experience in cultural, industrial and residential centers, hotels, museums, as well as urban developments, plazas, parks, and furniture, the office— with offices in Mexico City and New York—performs approximations of landscape, topography, territory, city, infrastructure, and public space.

La vivienda familiar

La vivienda familiar es el manifiesto más importante de las condiciones culturales, históricas y geográficas de una comunidad. También representa los valores y las creencias—además del mayor activo del patrimonio—de la institución más mínima y más sólida que conforma nuestra sociedad: la familia.

El Infonvavit nos ha encargado pensar una solución para una casa "repetible" para una familia "rural" en la region lacustre del Sur de la Ciudad de México.

Con base en la convicción de que no hay dos familias iguales, hemos optado por no diseñar una casa, sino un sistema que puede ser adaptado a las condiciones de cada grupo familiar.

El proyecto que presentamos consiste en una "caja de herramientas" (un juego de piezas), que se podrán adquirir y ensamblar según las necesidades y los deseos de cada familia. Se puede producir cada una de estas casas con herramientas elementales en un mínimo de tiempo, con el esfuerzo colectivo de los mismos miembros del grupo cercano al núcleo familiar, como también es costumbre.

La forma y espacialidad de cada casa que se produzca, corresponde a las tradiciones de habitabilidad de la

zona, y sus condiciones tectónicas y materiales representan las últimas tecnologías disponibles para la economía correspondiente al proyecto.

TEN Arquitectos desarrolla proyectos de investigacion, diseño, arquitectura e infraestructura. Con 31 años de experiencia en centros culturales, industriales y residenciales, hoteles, museos, así como desarrollos urbanos, plazas, parques y mobiliario, la oficina—con sedes en la Ciudad de México y Nueva York—se aproxima al paisaje, la topografía, el territorio, la ciudad, la infraestructura y el espacio público.

—TEN Arquitectos

14

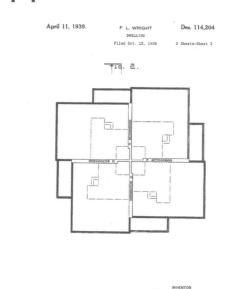

April 11, 1939.   F. L. WRIGHT   Des. 114,204
DWELLING
Filed Oct. 12, 1938   2 Sheets-Sheet 2

Fig. 2.

INVENTOR
Frank Lloyd Wright
BY
ATTORNEYS

Design for a Dwelling

On October 12, 1938, Frank Lloyd Wright submitted an application to the United States Patent Office for a "new, original, and ornamental Design for a Dwelling." The application was accompanied by two drawings: a perspective view of the dwelling showing flat roofs and slatted facades (figure 1), and a top, plan view drawing. The plan drawing shows a pinwheel arrangement of four rooftops separated by crossing walls, and at the bottom of the page, Wright is

indicated as "inventor" (figure 2). The patent was granted and issued in April of 1939. At some point that year, Otto Tod Mallery commissioned Wright to build a prototype house for his Suntop Homes development in Ardmore, Pennsylvania. It was better known as the Ardmore Experiment, but was referred to as "quadruple house," or the "quadruple home," by Wright. It was part of his ongoing ideas about affordable group dwellings assembled around a central point. Although Mallery built one dwelling out of the set of four and the patent was only effective for seven years, Wright regarded the built unit as a model for his future housing projects.

In our project for a low-income dwelling in rural Mexico, the idea of the "quadruple house" is reintroduced, not only as a notion to group together dwellings for extended family units, but also to formulate an idea about housing expansion in a rural territory through circular zoning. To respond to the way in which a family in rural Mexico would add-on to an existing small house, our project starts with crossing concrete block party walls and a single house in one quadrant. This is unlike Wright's quadruple scheme, which was about the initial co-existence of four units. The open quadrants in our project are therefore defined as outdoor spaces to accommodate lifestyles of rural Mexican families—such as dining, clothes washing, gardening and playing—and the concrete block walls provide a backdrop for these activities through their figural outlines. Additional dwellings could replace up to two other outdoor quadrants, for a total of three houses and a single shared outdoor quadrant. As the property is defined by its center where the adjoining corners of the cross-walls meet, the rest of the property extends radially into the agricultural plot. Multiple circular zones of homes are envisioned to allow for expansive massing surrounded by rural landscape. Wright's "invention" of the quadruple house arrangement provides new ways to consider group housing and domestic living, which is taken as a precedent in our project for a house in rural Mexico.

Pita & Bloom is a design collective for architecture and research based in Los Angeles. Founded in 2010 by Florencia Pita and Jackilin Hah Bloom to test ideas about their shared notions of color, shape, and material applications, Pita & Bloom aims to represent contemporary cultural attitudes while addressing the specific challenges of each project.

Diseño para una vivienda

El 12 de octubre de 1938, Frank Lloyd Wright presentó una solicitud a la Oficina de Patentes de los Estados Unidos para un "Diseño nuevo, original y ornamental para una vivienda." Acompañó la solicitud con dos dibujos: una vista en perspectiva de la vivienda que muestra techos planos y fachadas desniveladas (figura 1), y un dibujo del plan desde arriba. El dibujo del plan muestra una disposición de molinete de cuatro techos separados por muros de cruce, y en la parte inferior de la página, Wright se pone como "inventor" (figura 2). Se le otorgó y emitió la patente en abril de 1939. En algún momento de ese año, Otto Tod Mallery le encargó a Wright que construyera un prototipo de casa para su desarrollo de Suntop Homes en Ardmore, Pensilvania. Mejor conocido como el experimento de Ardmore, Wright lo llamaba "la casa cuádruple" o el "hogar cuádruple" y era parte de las ideas que estaba desarrollando Wright para crear viviendas grupales asequibles, reunidas alrededor de un punto central. Aunque Mallery sólo construyó una vivienda del conjunto de cuatro, y la patente sólo tenía una duración de siete años, Wright consideró la unidad construida como un modelo para sus futuros proyectos de vivienda.

En nuestro proyecto para una vivienda de interés social en México rural, reintroducimos la idea de la "casa cuádruple", no sólo como una noción de agrupar viviendas para unidades familiares extendidas, sino también para formular una idea sobre la ampliación de la vivienda en un territorio rural a través de una zonificación circular. Para responder a la forma en que una familia en las zonas rurales de México ampliaría

una casa pequeña existente, nuestro proyecto comienza cruzando muros de partición hechos con bloque de hormigón y una casa individual en un cuadrante. Esto es diferente al esquema cuádruple de Wright, que consistía en la coexistencia inicial de cuatro unidades. Los cuadrantes abiertos en nuestro proyecto, por lo tanto, se definen como espacios al aire libre que se ajusten a los estilos de vida de las familias rurales mexicanas, tales como áreas para comer, lavar ropa, hacer jardinería o tener una hortaliza y áreas para jugar, y las paredes de bloques de concreto proporcionan un telón de fondo para estas actividades a través de sus esquemas figurativos. Las viviendas adicionales podrían reemplazar hasta otros dos cuadrantes al aire libre por un total de tres casas y un solo cuadrante compartido al aire libre. Como la propiedad se define por su centro donde se juntan las esquinas contiguas de las paredes transversales, el resto de la propiedad se extiende radialmente hacia la parcela agrícola. Se prevén múltiples zonas circulares de casas para permitir la acumulacion expansiva rodeada de paisaje rural. La "invención" de Wright de la casa cuádruple proporciona nuevas formas de considerar la vivienda colectiva y la vida doméstica, que se toma como un precedente en nuestro proyecto para una casa en la zona rural de México.

Pita & Bloom es un colectivo de diseño e investigación arquitectónicos con sede en Los Ángeles. Fundado en 2010 por Florencia Pita y Jackilin Hah Bloom para poner a prueba las ideas sobre sus nociones compartidas de color, forma y aplicaciones materiales, Pita & Bloom pretenden representar actitudes culturales contemporáneas mientras abordan los retos específicos de cada proyecto.

—Pita & Bloom

15

Self-constructed Housing

More than thinking about a specific dwelling, what is interesting about rural housing is the creativity that people with few possibilities have when using the material and/or economic resources they have when they start or continue their houses in a process of self-construction Gaston Bachelard wrote that a bird shapes its nest by rubbing its body against it. In self-construction, the individual does the same—makes their home their own, differentiating it from the rest that surround it. It represents your spirit, what it is, what it has, and what it expects.

You can be critical of this type of housing and argue that this process may be plagued by deficiencies in its design, structure, or engineering; however, the ingenuity of those who build them by using or recycling materials at their disposal shows the ability of people to take advantage of the means with which they count and their intention to go beyond the limits that life usually presents them. And perhaps it is better, rather than discarding them in the first instance, to understand that many of these people, who in our country represent a strong percentage of the population, keep these construction procedures alive, not for lack of interest in doing it better, but for lack guide that indicates the path they must follow to achieve safe and functional housing. If we let people, literally, build their dreams and we are able to advise them without imposing design criteria, we will get a home that represents who they are, what they feel, which will help us understand people and society beyond theory and digital media.

The human being is able to adapt to almost any environment and life situation: living in frozen areas or in the middle of the desert; on mountains, the sea, or the forest; in luxury or poverty; generating an environment in which one settles or with which one moves. More than a dwelling, one seeks a home condition that allows one to live, or survive. Sometimes one can select or modify their life situation; sometimes a particular circumstance forces one to do so. But, when the conditions are adverse, one will always look for ways to overcome and improve them. To paraphrase Heidegger, to inhabit is to take possession. The expression of self-construction is but a reflection of this process of appropriation.

Doctor Bernardo Gomez-Pimienta has worked as an architect since 1987. He founded and directed TEN Arquitectos until 2003, the same year founding bgp arquitectura, where architecture, design, and urbanism are incorporated, developing projects of different types and scales. He serves as the director of the School of Architecture of the Anahuac University. The National Academy of Architecture named him Professor Emeritus in 2010.

Vivienda auto-construida

Más que pensar en una vivienda específica, lo que nos resulta interesante de la vivienda rural es la creatividad que despliega la gente con pocas posibilidades al emplear los recursos materiales y/o económicos con los que cuentan al iniciar o continuar sus casas en un proceso de auto-construcción. Gaston Bachelard escribió que un ave moldea su nido frotando su cuerpo contra él. En la auto-construcción, el individuo hace lo mismo; se apropia de su propia vivienda, diferenciándola de las otras vivienda que le rodean; representa su espíritu, lo que es, lo que tiene y lo que espera.

Se puede ser crítico con este tipo de vivienda y argumentar que este proceso puede estar plagado de deficiencias en su diseño, estructura, o ingenierías, el ingenio de quienes las construyen recurriendo a los materiales disponibles o bien reciclando materiales, muestra la capacidad

que tienen estas personas para aprovechar los medios a su alcance y su intención de ir más allá de los límites que la vida suele presentarle. Quizá sea mejor, en vez de desechar estas ideas para empezar, entender que muchas de estas personas, que en nuestro país representan un gran porcentaje de la población, mantienen vivos estos procedimientos de construcción no por falta de interés en hacerlo mejor, sino por falta de una guía que les indique el camino que deben seguir para lograr viviendas seguras y funcionales. Si dejamos que la gente, literalmente, construya sus sueños, y somos capaces de aconsejarles, sin imponerles criterios de diseño, obtendremos una vivienda que represente lo que son, lo que sienten, nos podrá ayudar a entender a las personas y a la sociedad más allá de la teoría y los medios digitales.

El ser humano tiene la capacidad de adaptarse a casi cualquier entorno y situacion de vida: vivir en zonas gélidas o en medio del desierto; en la montaña, el mar o el bosque; en el lujo o en la indigencia; genera un entorno en el que se asienta o con el que se va desplazando. Más que una vivienda, busca un hogar que le permita vivir, o sobrevivir. A veces puede seleccionar o modificar su situación de vida; a veces, una circunstancia en particular lo obliga a hacerlo. Sin embargo, cuando las condiciones son adversas, siempre buscará la forma de sobre-llevarlas y mejorarlas. Parafraseando a Heidegger, habitar es tomar posesión. La expresión de la auto-construcción no es más que un reflejo de este proceso de apropiación.

El Doctor Bernardo Gómez-Pimienta ha trabajado como arquitecto desde 1987. Fundó y dirigió TEN Arquitectos hasta 2003, ese mismo año funda bgp arquitectura, donde se incorpora la arquitectura, el diseño y el urbanismo, desarrollando proyectos de distintos tipos y escalas. Actualmente funge como el director de la Escuela de Arquitectura de la Universidad Anáhuac. La Academia Nacional de Arquitectura lo nombró Académico Emérito en 2010.

—BGP Arquitectura

16

Rural Housing

Sustainable rural housing can be considered in many different ways. From programmatic, functional, and ecological points of view, it takes a lot of logic that the natural or artificial landscape (agriculture) remain as "landscape" in all its extension, and that man seeks a den under the land benefiting from its multiple natural properties.

Yaodongs are underground courtyard dwellings in the city of Sanmenxia, Henan Province, China. The tradition of the yaodong dates back more than 4,000 years, with much popularity in the Ming and Qing dynasties, and has housed thousands of residents in the mountains. Today, there are around 10,000 of these houses, now modernized and serviced, that have housed at least six generations over approximately 200 years. Around 30 million Chinese live in this type of structure today.[1]

These indigenous populations excavate their homes in mountainous mud formations. The cave-like houses are built with walls reinforced with natural materials, with a depth of 6–7 meters and a length of 10–12 meters. The form and orientation vary, depending on the specific location. These structures have properties that make them resistant to earthquakes, acoustically isolated, and energy efficient. The central yards contain wells that prevent flooding. Their roofs of arched structures may contain vegetation, and the land around them may be used for agriculture.[2]

The local government of Henan is currently protecting the yaodongs, and for better or for worse, they are transforming these structures into tourist centers.

The scheme of the yaodong could also be proposed for an urban layout, where the main level would be public space instead of nature. The underground courtyards could be semipublic areas that neighbors could use as spaces for meeting, play for children, and socialization for old people.

Zeller & Moye was founded by Christoph Zeller and Ingrid Moye as an architecture firm that operates globally and multidisciplinary, with headquarters in Mexico City and Berlin. The studio was established with a unique work method of extensive experimentation for the development of projects, with the aim of articulating relevant proposals for the contemporary world.

La vivienda rural

Se puede considerar la vivienda rural sustentable de muy diversas formas. Desde una perspectiva programática, funcional y ecológica, asume la lógica de que el paisaje natural o artificial (la agricultura) se mantengan como "paisaje" en toda su extensión, y que el hombre busque refugiarse debajo de la tierra, beneficiándose de sus múltiples propiedades naturales.

Los yaodongs son viviendas de patio subterráneas en la ciudad de Sanmenxia, Henan, China. La tradición de los yaodongs se remonta a hace más de 4,000 años. Tuvieron gran popularidad en las dinastías Ming y Qing, y han albergado a miles de habitantes en las montañas. Hoy persisten alrededor de 10,000 de estas viviendas, ahora ya modernizadas y con servicios, que han alojado por lo menos a seis generaciones a lo largo de unos 200 años aproximadamente. Alrededor de 30 millones de chinos viven hoy en día en este tipo de estructuras.[1]

Estas poblaciones indígenas excavan sus viviendas en formaciones montañosas lodosas. Las casas tipo cuevas se construyen con muros reforzados de materiales naturales, con una profundidad de 6–7 M y un largo de 10–12 M. La forma y orientación varían, y dependen de la ubicación

específica. Estas estructuras tienen propiedades que las hacen resistentes a terremotos, las aisla acústicamente, y son energéticamente eficientes. Los patios centrales contienen pozos que evitan las inundaciones. Puede que las estructuras arqueadas de los techos contengan vegetación, y se podrán utilizar las tierras circundantes para la agricultura.[2]

Actualmente, el gobierno local de Henan está protegiendo a los yaodongs, y para bien o para mal, están transformando estas estructuras en centros turísticos.

También se podría proponer el esquema de los yaodongs para una traza urbana, donde el nivel principal sería espacio público en lugar de la naturaleza o agricultura. Los patios subterráneos podrían ser áreas semipúblicas que los vecinos pudieran utilizar como lugares de encuentro, áreas de juego para los niños, y espacios de socialización para las personas de la tercera edad.

1   Gabriel Samuels y Vicki Cheng, "Remarkable aerial pictures reveal China's 'invisible village' where local residents live in subterranean caves—a lifestyle they have kept for 4,000 years," *Dailymail*, April 5, 2016.
2   "'Pit yards' to welcome visitors in Henan," *Chinadaily*, April 5, 2016.

Imagen: © Visit Henan

Christoph Zeller e Ingrid Moye fundaron Zeller & Moye como un estudio de arquitectura que opera de forma global y multidisciplinaria, con sedes en la Ciudad de México y Berlín. El estudio se estableció con un método de trabajo único de experimentación extensa para el desarrollo de proyectos, con el objetivo de articular propuestas relevantes para el mundo contemporáneo.

—Ingrid Moye, Zeller & Moye

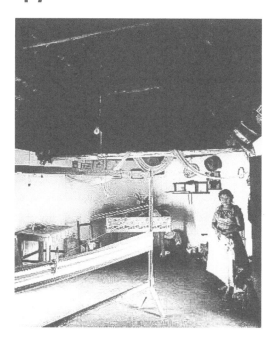

Traditional Schemes

When I was young, all I heard was functionalism, functionalism, functionalism. Is not sufficient. The design should also be sensual and exciting.
—Ettore Sottsass

More than naming a favorite rural home, would it be worth reflecting on the traditional schemes, the current ones, other forms of art, and trying to display their essential values in the architectural exercises?

Casa Maya[1] and Palapa are clear and minimal structures, free up the central space to use it flexibly.[2] Their covers, when elevating them, uncover an interior spatial amplitude, even in the case of reduced surfaces. The vernacular architecture obeys to simple rules of construction, it takes advantage of the materials of its immediate surroundings, which at the end of its useful life, can be returned to its natural environment. On the other hand, new technologies have managed to generate a lower environmental impact by achieving reuse of their materials and effective solutions based on metal structures, they have allowed multiple changes in the use of spaces, extending their useful life by making them transformable and versatile.[3]

Lina Bo Bardi, rehabilitates an

office theater through metal structuring, as its key element: it creates a large free space without barriers between the areas that make it up. Maximizing the space, in addition to allowing natural lighting inputs, multiple uses in space and the poetic presence of nature inside. It is an interesting reference when studying rural housing, since it manages to generate a large flexible and quality space, with few resources.

In the new rural housing projects, it would be praiseworthy to attend to the diverse ways of life of Mexican families, as well as their needs for appropriation of space and identity with it. Given this intention, we consider it substantial to see the Carlton cabinet by Etorre Sotsaas, a design that suggests we look at it, too, as a possible open game. The presence of full and empty, its geometric principles and structure, show a logic, order and structural rigor in itself. But also and at the same time, through its vivid colors, its textures and its modulation, it suggests a multiplicity of possible configurations, richness in the generation of multifaceted environments, understanding of materials and above all an interest in awakening and observing sensations. through design.

Accidental Estudio de Arquitectura was founded by Susana Pantoja and Gerardo Galicia. We seek a natural balance between the environment and architecture, to awaken emotions, create free and warm spaces through simplicity, exact geometries and precise gestures, giving personality to each project. We believe in the importance of building a dynamic and flexible architecture that is transformed over time.

Los esquemas tradicionales

Cuando era joven, sólo oía hablar de funcionalismo, funcionalismo, funcionalismo. No basta con eso. El diseño también debe ser sensual y emocionante.
—Ettore Sottsass

¿Más que nombrar una vivienda rural favorita, valdría la pena reflexionar sobre los esquemas tradicionales, los actuales, otras formas

de arte e intentar evidenciar sus valores esenciales en los ejercicios arquitectónicos?

La casa maya[1] y la palapa son estructuras claras y mínimas que liberan el espacio central para utilizarlo con flexibilidad.[2] Sus cubiertas, al elevarlas, revelan una amplitud espacial interior, incluso en el caso de superficies reducidas. La arquitectura vernácula obedece a reglas de construcción sencillas, aprovecha los materiales de su entorno inmediato, los cuales al término de su vida útil, se pueden devolver al entorno natural. Por otra parte, las nuevas tecnologías han logrado generar un menor impacto ambiental al lograr reutilizar sus materiales y alcanzar soluciones eficaces basadas en estructuras metálicas, han permitido múltiples cambios en el uso de los espacios, alargando su vida útil al volverlos transformables y versátiles.[3]

Lina Bo Bardi, rehabilita un teatro oficina mediante una estructura metálica, como elemento clave: configura un gran espacio libre sin barreras entre las áreas que lo conforman. Maximiza la amplitud del espacio, además de permitir entradas de iluminacion natural, múltiples usos del espacio y la presencia poética de la naturaleza en el interior. Se trata de una referencia interesante cuando se estudian las viviendas rurales, ya que logra generar un gran espacio flexible y de calidad, con pocos recursos.

En los nuevos proyectos de vivienda rural, sería loable enfocarse en las formas de vida tan diversas de las familias mexicanas, así como en sus necesidades de apropiarse e identificarse con el espacio. Ante esta intención, nos parece importante observar la estantería Carlton de Etorre Sotsaas, un diseño que al observarlo también sugiere un posible juego abierto. La presencia de espacios llenos y vacíos, sus principios y estructura geométricos, en sí mismos evidencían una lógica, un orden y un rigor estructural. Sin embargo, a través de sus colores vivos, sus texturas y su modulación, al mismo tiempo, insinúa una multiplicidad de configuraciones posibles, una riqueza en la generación de ambientes polifacéticos, un entendimiento de los

materiales y, sobre todo, un interés por despertar y observar sensaciones a través del diseño.

1 See the interior de la Casa Maya.
2 Tadao Ando, Casa Wabi, Puerto Escondido, Oaxaca, Mexico, 2014.
3 Lina bo Bardi, Teatro Oficina, São Paulo, Brasil, 1994.

Susana Pantoja y Gerardo Galicia fundamos Accidental Estudio de Arquitectura. Buscamos un equilibrio natural entre el entorno y la arquitectura, con el fin de despertar emociones, crear espacios libres y cálidos a través de la sencillez, de geometrías exactas y gestos precisos que le dan personalidad a cada proyecto. Creemos además en la importancia de construir una arquitectura dinámica y flexible que se vaya transformando a través del tiempo.

—Accidental Estudio de Arquitectura

18

Tlacotalpeña Housing

Among the popular houses that we like the most are those of the town of Tlacotalpan, Veracruz.

The layout of the town consists of main streets, where the entrances to the houses are located, which are parallel to the river and run in an East-West direction, as well as alleys with a North-South direction. In this way, all the houses are oriented to the North or South.

The prototype has the typical features of the city's physiognomy: streets with one-story buildings, built with masonry walls, with wood and tile roofs and portals supported by columns or arches. These form a continuous but very diverse face because the colors and shapes of the porches are different from each other and distinguish each of the properties.

Most of the houses have a central courtyard with gardens, depending on the size of the property, and may have interior corridors on two or three sides. In the first bay, parallel to the street, the living room and main bedroom are located, and in the second bay, facing the patio, are the dining room and the other bedrooms. The bathrooms are normally isolated from the main body of the house. The orientation of the houses favors cross ventilation in all spaces, which are also tall, to take advantage of the prevailing northeast winds.

The porches are the most representative element of the city of Tlacotalpan, providing a shaded circulation that protects pedestrians from rain and acts as a transitional element between the exterior and the interior of the house, protecting the interior from excessive sun and providing privacy.

The windows facing the porticos, protected with bars, are proportioned vertically, although a little wider in relation to the height than in other cities, giving the house, in this warm climate, a greater area of ventilation.

Both the doors and the windows have wooden shutters that allow one to control the entrance of light, the passage of air, and the view from outside to inside and vice versa.

We are interested in this house because its elements respond logically and creatively to the place's climatic conditions, which gives it a high degree of habitability, and above all, because as a whole these elements give it an urban sense that is the structure and image of the city.

Office formed by Aurelio Nuño, Carlos Mac Gregor, and Clara De Buen in 1986. In 2003, the three architects were honored with the the Federico E. Mariscal Professorship prize at the UNAM School of Architecture and in 2009 with the Antonio Attolini Lack Medal, awarded by the School of Architecture at the Universidad Anáhuac, México Sur.

Vivienda tlacotalpeña

Entre las viviendas populares que más nos gustan son las del pueblo de Tlacotalpan, Veracruz.

La traza de la ciudad consta de calles principales, en donde se ubican los accesos a las casas, que son paralelas al río y van en dirección este-oeste, además de callejones con dirección norte-sur. De esta manera, todas las casas están orientadas hacia el norte o hacia el sur.

El prototipo conforma los rasgos típicos de la fisonomía de la ciudad: calles con construcciones de un solo nivel, construidas con muros de mampostería, con techos de madera y teja y portales sostenidos por columnas o arcos, que forman un paramento continuo pero muy diverso, ya que los colores y las formas de los pórticos son distintos entre sí y distinguen a cada una de las propiedades.

Las casas, en su mayoría, tienen un patio central ajardinado según el tamaño del predio y pueden tener corredores interiores en dos o tres de sus lados. En la primera crujía, paralela a la calle, se localizan la estancia y la recámara principal y en la segunda crujía, que da hacia el patio, el comedor y las demás recámaras. Los baños normalmente están aislados del cuerpo principal. La orientación de las viviendas favorece la ventilación cruzada en todos los espacios, los cuales, además, son altos, para aprovechar los vientos dominantes del noreste.

Los pórticos son el elemento más representativo de la ciudad de Tlacotalpan, proporcionando, a la vez, una circulación sombreada que protege a los peatones de la lluvia, y son un elemento de transición entre el exterior y el interior de la vivienda, que protege el interior del sol excesivo y además le da privacidad.

Las ventanas que dan a los portales, protegidas con rejas, son de proporción vertical, aunque un poco más anchas en relación a la altura que en otras ciudades, dando a la casa, en este clima cálido, una mayor área de ventilación.

Tanto las puertas como las ventanas tienen persianas de madera que permiten controlar al gusto la entrada la luz, el paso del aire y la vista desde

afuera hacia adentro y viceversa.

Esta vivienda nos gusta y nos interesa porque todos sus elementos responden de manera lógica y creativa a las condiciones climáticas del lugar, lo que le da un alto grado de habitabilidad, pero, sobre todo, porque en su conjunto estos elementos le dan un sentido urbano que es la estructura y la imagen de la ciudad.

El Despacho conformado por Aurelio Nuño, Carlos Mac Gregor y Clara De Buen se formó en 1986. En el año 2003, se les otorgó la Cátedra Extraordinaria Federico E. Mariscal de la Facultad de Arquitectura de la UNAM y en 2009 recibieron la Medalla Antonio Attolini Lack, otorgada por la Escuela de Arquitectura de la Universidad Anáhuac Sur, México.

—Nuño – Mac Gregor – De Buen Arquitectos SC

19

Architecture of the Villages

When we talk about vernacular architecture, we are talking about indigenous peoples, community, identity, empirical knowledge, natural materials, and respect for the environment.

The native peoples have

developed their own way of resolving their habitat, which becomes an important part of their identity and symbol of their culture; it is lived in community, it is built in community. The construction techniques and the way of handling the natural materials are transmitted from generation to generation, over the years, which leads to a deep knowledge of the natural environment and the respect they feel for the "mother earth."

The worldview of the peoples, their way of understanding the world, is expressed through the way they organize themselves to produce their homes, in the ways they administer the spaces, in the location of them in the land, and in the way that different architectural elements are constituted and dialogue in their environment.

In the last decades, the deterioration that our way of producing has produced in the environment has become evident; a model based on continuous growth on a closed planet with finite resources. The term *sustainable* is present in practically any model of development that is proposed; all these models seek to guarantee the possibility of accessing natural resources for future generations.

There are as many valid models of development as there are peoples in the world, as many communities as housing models capable of meeting their needs in terms of social, economic, and environmental issues. Traditional architecture regains presence by presenting a palette of ancestral solutions applicable to current problems, from a perspective in which everything is related to everything; I am fine if you are, if the earth is.

In the vernacular architecture, the scale of the constructions is human and by itself kind to the environment and its surroundings. The natural materials: earth, reed, palm, maguey stalk, *lechuguilla*, *quiote*, stone, and wood are easily reincorporated into nature and do not require industrial processes or transportation. The form responds to the function; the elements that make up the spaces respond to lighting, ventilation or shelter needs; the spaces, their own activities and the family structure that in turn make up the community structure.

Inclined roofs, flat roofs, one pitch, two pitch, four pitch, or vaulted; porches, *volados*, patios, smoke kitchens, open kitchens...; circular, square, oval plants...; buildings displaced at ground level, below ground level, above ground level...; on the mud, on the water.... This great variety of specific solutions of an ethnic group can be repeated in any part of the world that shares similar cultural and environmental characteristics; particular solutions become global solutions by causality, not by chance.

The vernacular architecture is the architecture of the villages. The worldview of indigenous peoples is expressed through it and many other manifestations of its culture that together make up the cultural heritage of humanity.

SAYA + Architects believes that the most important function of being is to create and that the most important part of creating is the transformation of being. From this idea, for three decades we have developed an architectural task characterized by changes in the way of understanding life, work and recreation, thus transforming the concept of architecture and how to face it.

La arquitectura de los pueblos

Cuando hablamos de arquitectura vernácula, estamos hablando de pueblos originarios, de comunidad, identidad, conocimientos empíricos, materiales naturales y respeto por el medio ambiente.

Los pueblos originarios han desarrollado su propia manera de resolver su hábitat, la cual se vuelve parte importante de su identidad y símbolo de su cultura. Viven en comunidad; construyen en comunidad. De generación en generación, a través de los años, se han ido transmitiendo las técnicas de construcción y el manejo de los materiales naturales , lo cual lleva a un conocimiento profundo del entorno natural y al respeto que sienten por la "Madre Tierra".

La cosmovisión de los pueblos, su forma de entender el mundo, se expresa a través de la manera en que se organizan para producir sus viviendas, en las formas en que administran los espacios, en la ubicación de sus viviendas dentro del terreno y en la forma en que los distintos elementos arquitectónicos se constituyen y dialogan en su entorno.

En las últimas décadas, se ha vuelto evidente el deterioro que ha producido nuestra manera de producir en en medio ambiente; un modelo basado en el crecimiento continuo en un planeta cerrado y con recursos finitos. En prácticamente cualquier modelo de desarrollo que se proponga aparece el término *sostenible*. Todos estos modelos buscan garantizar la posibilidad de que las futuras generaciones puedan acceder a los recursos naturales.

Existen tantos modelos válidos de desarrollo como pueblos en el mundo; tantas comunidades como modelos de vivienda capaces de satisfacer sus necesidades en términos de lo social, lo económico y lo ambiental. La arquitectura tradicional recobra su presencia al presentar una paleta de soluciones ancestrales aplicables a las problemáticas actuales, desde una perspectiva en la que todo está relacionado con todo; yo estoy bien si tú estás bien y la tierra también está bien.

En la arquitectura vernácula, la escala de las construcciones es humana y en sí misma es amigable con el medio ambiente y su entorno. Los materiales naturales: tierra, carrizo, palma, penca de maguey, lechuguilla, quiote, piedra y madera se reincorporan fácilmente a la naturaleza y no requieren procesos industriales ni transporte. La forma responde a la función; los elementos que componen los espacios responden a las necesidades de iluminacion, ventilación o cobijo; los espacios, las actividades propias y la estructura familiar a su vez conforman la estructura comunitaria.

Los techos inclinados, los techos planos, de un agua, de dos aguas, de cuatro aguas o abovedados; los pórticos, los volados, los patios, las cocinas de humo, las cocinas abiertas...; las plantas circulares, cuadradas, ovaladas...; construcciones desplantadas a nivel del terreno, bajo el nivel del terreno, sobre el nivel del terreno...; sobre el fango, sobre el agua... Esta gran variedad de soluciones específicas de una etnia pueden repetirse en cualquier parte del mundo que comparta características culturales y ambientales similares. Las soluciones particulares se vuelven soluciones globales por causalidad, no por casualidad.

La arquitectura vernácula es la arquitectura de los pueblos. La cosmovision de los pueblos originarios se expresa a través de ella y de muchas otras manifestaciones de su cultura que en su conjunto forman parte del patrimonio cultural de la humanidad.

En SAYA+ Arquitectos creemos que lo más trascendente del ser es crear y que lo más trascendente de crear es la transformación del ser. A partir de esta idea, desde hace tres décadas hemos estado desarrollando un quehacer arquitectónico caracterizado por cambios en la forma de entender la vida, el trabajo y la recreación, transformando así el concepto de la arquitectura y de cómo enfrentarla.

—SAYA+ Arquitectos

20

Rural Housing

A long time ago, when we were working with him, Oscar Hagerman showed us this picture of a Huichol community in the mountains of Jalisco. Although we visited many communities in the same area shortly after, we never knew this specific place. However, the essence that was shown in the photograph was repeated in all the places visited: several isolated buildings assembled in a circular way around a common open space. These groupings were repeated four or five times, one next to the other, forming a small agglomeration of family houses. Beyond, the nothingness, the forest or the steep land, usually hours away from the next town.

This simplicity, this primitive idea that the open space confined by constructed volumes can create the social cohesion of a community is the starting point of the notion of housing, any kind of housing, not just rural. These sets, one next to the other, grow organically, can be transformed into towns, cities, and at the same time produce central spaces to gather families that inhabit the houses that surround them while they subtly divide the private from the public, the collective from the intimate, the rustic from the domesticated.

Just as silence sets the tone for any music, we believe that empty spaces are fundamental for the creation of any architecture. Moreover, when these become the center of the project, as in the Arabian courtyards or in the Chinese hutongs. Eloquent and mute spaces that allow distance, coexistence, and observation of the passage of time. Empty archetypal waiting to be filled by human daily life, those moments that go almost unnoticed until we realize that they are life itself.

Cano|Vera Arquitectura was founded by Juan Carlos Cano and Paloma Vera in 1995 and seeks to develop architecture and urban planning projects coherent with its social, economic, cultural and territorial context; that start from wisdom, the rational use of materials and the natural context in which they are inserted, and that have closeness to the people who will live in the proposed spaces.

La vivienda rural

Hace mucho tiempo, cuando trabajábamos con Oscar Hagerman, nos mostró esta fotografía de una comunidad huichola en la sierra de Jalisco. A pesar de que poco después visitamos muchas comunidades en aquella misma zona, nunca conocimos este sitio en específico. Sin embargo, la esencia que capta la fotografía se repetía en todos los lugares que visitamos: varias construcciones aisladas ensambladas de manera circular en torno a un espacio común abierto. Estas agrupaciones se repetían cuatro o cinco veces, una al lado de la otra, formando una pequeña conglomerado de casas familiares. Más allá, la nada, el bosque o la tierra escarpada, usualmente a horas de distancia del siguiente poblado.

Esta sencillez, esta idea primigenia de que el espacio abierto confinado por volúmenes construidos puede crear la cohesion social de una comunidad es el punto de partida de la noción de vivienda, de cualquier tipo de vivienda, no sólo rural de la vivienda rural. Estos conjuntos, uno al lado del otro, crecen de manera orgánica, se pueden transformar en pueblos, en ciudades, y, al mismo tiempo, consiguen que los espacios centrales reúnan a las familias que habitan las casas que los rodean mientras que sutilmente dividen lo privado de lo público, lo colectivo de lo íntimo, lo agreste de lo domesticado.

Así como el silencio marca la pauta para cualquier música, creemos que los espacios vacíos son fundamentales para la creación de cualquier arquitectura. Más aún, cuando son el centro del proyecto, como en los patios árabes o en los hutongs chinos, se vuelven espacios elocuentes y mudos, a la vez, que permiten la distancia, la convivencia y la observación del transcurso del tiempo. Vacíos arquetípicos que esperan que la cotidianidad humana los llene con esos momentos que pasan casi desapercibidos hasta que nos damos cuenta que son la vida misma.

Juan Carlos Cano y Paloma Vera fundaron Cano|Vera Arquitectura en 1995 y buscan desarrollar proyectos de arquitectura y urbanismo coherentes con su contexto social, económico, cultural y territorial, que partan de la sensatez, el uso racional de los materiales y el contexto natural en el que se insertan, y que tengan cercanía con las personas que vivirán en los espacios propuestos.

—Cano|Vera Arquitectura

21

The Mayan House

The Mayan House exemplifies a fundamental solution of minimum housing, adaptable, growing, and made with construction systems and materials according to the characteristics of the region. Its dimensions and disposition respond to the particular needs of the inhabitants; it represents a configuration adaptable to different uses and manifests a joint response when adding different units that always develop around open spaces and with a common identity. For me, it has been a lesson for its capacity to accept different uses and maintain a unitary form. Also, because modules can be added according to the needs of each family and because it is built with an exemplary technical, material, and formal simplicity. Its thermal and acoustic qualities are remarkable, just as its construction is very economical and responds to the principles of an admirable ancestral sustainability. It is a paradigm of adaptable and intelligent housing: Its high ceilings make the hot air rise and the spaces are ventilated naturally; It is recognized for its durability and resistance to hurricanes and floods; Functions such as cooking or cleaning take place outside, in spaces dedicated specifically to its use to leave a space of free use to the interior, which is not restricted by any service or fixed element. The use of wood, thatched roof and earth, as well as cross ventilation and the amplitude that is achieved despite its minimal size and economy of means, show wise solutions for the climate of the Yucatan Peninsula easily adaptable to different geographies. The

Mayan House contains all the lessons we have forgotten over the last century.

Fernanda Canales received Doctor Cum Laude in Architecture from the Polytechnic University of Madrid, and received the Extraordinary Thesis and Master Award from the ETSAB. She graduated with Honorable Mention as an architect o from the Universidad Iberoamericana, where she won the prize for the best thesis. She is a member of the National Board of Creators of the FONCA CONACULTA and received the Young Creators Grant from CONACULTA in 2004.

La casa maya

La casa maya ejemplifica una solución fundamental de vivienda mínima, adaptable, que se pueda ampliar y realizada con sistemas constructivos y materiales de acuerdo a las características de la region. Sus dimensiones y disposición responden a las necesidades particulares de los habitantes; representa una configuración adaptable a distintos usos y se manifiesta como una respuesta de conjunto al sumar distintas unidades que se desarrollan siempre en torno a espacios abiertos que tiene una identidad común. Para mí, conocer la casa maya me ha enseñado a apreciar su capacidad de acoger distintos usos y mantener una forma unitaria. Otras razones por las que aprecio la casa maya es que se le pueden ir añadiendo módulos, según las necesidades de cada familia y debido a su ejemplar sencillez técnica, material y formal. Sus cualidades térmicas y acústicas son destacables, así como su construcción es muy económica y responde a principios de una sostenibilidad ancestral admirable. Es un paradigma de la vivienda adaptable e inteligente: sus techos altos permiten que el aire caliente suba y los espacios se ventilen de manera natural; es reconocida por su durabilidad y resistencia ante los huracanes e inundaciones. Las funciones como cocinar o el aseo personal, se realizan en el exterior, en espacios dedicados específicamente a esos usos para dejar un espacio de uso libre en el

interior, que no está restringido por ningún servicio o elemento fijo. El uso de madera, techo de paja y tierra, así como la ventilación cruzada y la amplitud que se logra, a pesar de sus dimensiones mínimas y economía de medios, muestran soluciones atinadas para el clima de la Península de Yucatán fácilmente adaptables a distintas geografías. La casa maya contiene todas las lecciones que hemos olvidado a lo largo del último siglo.

Doctora Cum Laude en Arquitectura por la Universidad Politécnica de Madrid, con Premio Extraordinario de Tesis y Maestría de la ETSAB. Graduada con Mención Honorífica como arquitecta de la Universidad Iberoamericana, donde obtuvo el premio a la mejor tesis. Es miembro del Sistema Nacional de Creadores del FONCA, CONACULTA y recibió la Beca de Jóvenes Creadores de CONACULTA en 2004.

—Fernanda Canales

22

The Machiya House-type

The term *vernacular* connotes a language or way of life that is particular to a place; it is considered authentic and commonly understood by its users. *Vernacular architecture* further connotes a kind of open-source evolution of a shared building typology, characterized by materials and means that are commonly adopted to solve problems of function and construction; innovation and change are contributed freely and by many. Perpetuated by craft and building tradition, the vernacular produces types that both endure and change over time. The permutations can also be quite inventive, solving often-complex problems with collective design intelligence.

Traditional housing types in Japan have several common typological characteristics: unadorned building materials, flexible interior spaces, a clear demarcation of privacy, and a strong connection to nature. The rooms within the traditional house are less defined by a singular, specific use than thought of as multi-functional; a single room might function in a variety of ways depending on the furniture that is placed within it, and doors can be slid open to make two smaller rooms into one. Spaces are determined by the ordering system of woven tatami floor mats, ensuring harmonious proportions. Lightweight, paper screens transmit natural light from one space to another. Ostentation is rejected for humility and imperfection is valued as a characteristic of beauty.

The *machiya* house-type, common to the Kansai region of Honshu, is an example of one type of vernacular architecture known as *minka*, folk dwellings. They are simple, long, single-family homes with narrow street fronts organized around a small, interior courtyard that is open to the sky. As is common to most Japanese houses, rooms are almost devoid of permanent furniture, allowing them to be used in a variety of ways. Well proportioned and filled with natural light, they are constructed of humble materials; earthen walls, wood structure and tile roofs. As a type, the *machiya* is able to do a lot with a little. Embracing humility in material and form, the influence of the *machiya* on the small house in Apan is clear. The Apan house is made from humble yet durable materials and clearly defines a private, domestic realm. Rooms are scaled to human proportions and are large enough to accommodate a range of uses. The central, outdoor courtyard acts as a source of natural light and air and offers a secure, private space that can be used for work, for communal gathering or for sleeping. The rooftop above the living space provides additional floor area

for work or repose, and like many of the houses in Mexico, it can be built out in the future as an additional room. Although the location, culture and customs are quite different from those of the Japanese *machiya*, the Apan house shares a similar aspiration to do more with less. It relies less on form as an end than on form as an enabler of the palpable qualities produced by architectural space.

Founding partner of the award-winning Office of Architecture (1987–2008) and IDEA Office (with Eric Kahn, 2009–2014), Russell Thomsen founded RNThomsen ARCHITECTURE in 2015. The firm works on designs at all scales, from graphic design to facilities, industrial design, architecture and urban planning. The work of the firm has been exhibited in the USA, Europe, and Japan.

El tipo de casa machiya

El término vernáculo tiene la connotación de un lenguaje o forma de vida que es particular a un lugar. El entendimiento común de sus usuarios es que significa algo auténtico. La arquitectura vernácula tiene la connotación adicional de un tipo de evolución de fuente abierta de una tipología de construcción compartida, caracterizada por materiales y medios que se adoptan comúnmente para resolver problemas de función y de construcción. Son muchas las personas que contribuyen libremente a la innovacion y el cambio. Perpetuado por los oficios artesanales y la tradición de la construcción, lo vernáculo produce tipos que duran y también van cambiando con el tiempo. Las permutaciones también pueden ser bastante innovadoras, resolviendo problemas a menudo complejos con inteligencia colectiva de diseño.

Los tipos de vivienda tradicionales en Japón comparten varias características tipológicas comunes: materiales de construcción sin ornamentación, espacios interiores flexibles, una delimitación clara de la privacidad y una fuerte conexión con la naturaleza. Las habitaciones dentro de la casa tradicional no se definen tanto por un uso singular y específico,

sino que están pensadas en términos multifuncionales; una habitación individual puede funcionar de varias maneras según los muebles que se coloquen dentro de ella, y las puertas se pueden deslizar para convertir dos habitaciones más pequeñas en una sola. Los espacios están definidos por el sistema de ordenamiento de las esteras tejidas de Tatami, asegurando proporciones armoniosas. Las pantallas de papel ligero transmiten luz natural de un espacio a otro. Se rechaza la ostentación, valorando la humildad y la imperfección como una característica de la belleza.

El tipo de casa machiya, común a la region de Kansai de Honshu, es un ejemplo de un tipo de arquitectura vernácula conocida como "minka" (viviendas populares). Son casas sencillas, alargadas, unifamiliares con fachadas estrechas organizadas alrededor de un pequeño patio interior que está abierto al cielo. Como es común en la mayoría de las casas japonesas, las habitaciones casi carecen de muebles permanentes, lo que les permite ser utilizados de diversas maneras. Bien proporcionadas y llenas de luz natural, las casas tipo machiya están construidas con materiales humildes; paredes de tierra, estructura de madera y techos de teja. El tipo machiya puede hacer mucho con muy poco. Acogiendo la humildad en los materiales y la forma, la influencia machiya en la pequeña casa en Apan es clara. La casa de Apan está hecha de materiales humildes pero duraderos y define claramente un ámbito privado y doméstico. Las habitaciones se adaptan a las proporciones humanas y son lo suficientemente grandes como para adaptarse a una variedad de usos. El patio central al aire libre actúa como fuente de luz y aire natural y ofrece un espacio privado seguro que se puede usar para el trabajo, para reuniones comunitarias o para dormir. La azotea encima del espacio habitable proporciona un área adicional para el trabajo o el descanso, y al igual que muchas de las casas en México, se puede construir en el futuro como una habitación adicional. Aunque la ubicación, la cultura y las costumbres son bastante diferentes de las del machiya japonés, la casa de Apan comparte una aspiración similar de hacer más con menos. Se basa menos en la forma como un fin que en la forma como habilitador de las cualidades palpables producidas por el espacio arquitectónico.

Socio fundador de la premiada Office of Architecture (1987–2008) y de IDEA Office (con Eric Kahn, 2009–2014), Russell Thomsen fundó RNThomsen ARCHITECTURE en 2015. El despacho trabaja en diseños a todas las escalas, desde diseño gráfico hasta instalaciones, diseño industrial, arquitectura y planeación urbana. Se ha exhibido el trabajo del despacho en Estados Unidos, Europa y Japón.

—Russell Thomsen, RNThomsen ARCHITECTURE

23

Le Cabanon

Rural and vernacular housing in some way refers to fundamental characteristics of the home. It is developed under conditions that motivate it to be built as economically as possible, in the broadest sense (structural logic, aesthetics, use of materials, climate, money, context, etc.). The intelligence implicit in this type of project, which responds to authentic needs, is extremely suggestive as a phenomenon to be understood. Rural housing usually has the square meters it needs; the materials are the most basic, without many ornaments (the ornamentation is given by the objects or with the appropriation of space and time);

the openings are as controlled as possible depending on the climate, the cost and the construction technique.

Something very interesting about Le Corbusier are the ideas he developed about modernism in a series of buildings of different types and scales (single-family homes, multifamily dwellings, public buildings, private buildings, urban plans, etc.) that reconsidered the way of life, the public, the private, the proportion of the spaces, the size, the program, the architectural typologies, the relations with the environment, with the ground, with the city, etc.—ideas that were normally built with concrete structures. But in 1951–52, Le Corbusier designed, in apparent contrast to much of the work he had conceived until then, a house for vacation: the Cabanon, for his wife, on the French coast. A unit, which was 3.66 x 3.66 meters and 2.26 meters tall; a single space with minimal furniture: two beds, a folding table, built-in wardrobes, two wooden cubes that functioned as chairs, a small stainless steel sink and a water closet. Some of this furniture helped to organize and divide the spaces and at the same time served to store certain objects. Another feature of the cabin is that it had no kitchen—Le Corbusier mentioned not needing one because of the proximity to a restaurant of a friend where he could cover that need. It did not have a shower either, because the sea was a few steps away. The Cabanon was a basic and essential house, in which the degree of austerity and sobriety in every way is intriguing (dimensions, materiality, program, etc.). A wooden cabin, facing the French coast, outside a dense urban situation.

Rural and vernacular housing, in addition to responding to specific solutions, stand out for their characteristics that trigger critical questions about our society and our profession: Is the use of a specific or local material in a specific area fundamental? How important is it that a space is flexible? How important are the uses and customs of a place? Do all the decisions depend on us, the architects, or only some? Is the size important? Is a space just the interior space or all that

surrounds it? To mention some questions among many more.

PRODUCTORA is a studio composed by Abel Perles (1972, Argentina), Carlos Bedoya (1973, Mexico), Víctor Jaime (1978, Mexico), and Wonne Ickx (1974, Belgium). Its work is characterized by an emphasis on precise geometries, an eagerness to generate legible projects with clear gestures and the search for timeless buildings in their material and programmatic resolutions.

Le Cabanon

La vivienda rural y vernácula de alguna manera nos remite a características fundamentales de la vivienda. Se desarrolla bajo condiciones que motivan a construirla lo más económicamente posible, en el sentido más amplio (la lógica estructural, la estética, el uso de materiales, el clima, aspectos económicos, el contexto, etc.). La inteligencia implícita en este tipo de proyectos, que responde a necesidades auténticas, resulta extremadamente sugerente como fenómeno a entender. La vivienda rural generalmente tiene los metros cuadrados que necesita; los materiales son los más básicos, sin mucha ornamentación (la ornamentación está dada por los objetos o con la apropiación del espacio y el tiempo); las aperturas son lo más controlado posible en función del clima, el costo y la técnica de construcción.

Algo que resulta muy interesante de Le Corbusier son las ideas que desarrolló sobre el modernismo en una serie de edificios de distintos tipos y escalas (viviendas unifamiliares, viviendas multifamiliares, edificios públicos, privados, planes urbanos, etc.) que replanteaban la manera de vivir, lo público, lo privado, la proporción de los espacios, el tamaño, el programa, las tipologías arquitectónicas, las relaciones con el entorno, con el terreno, con la ciudad, etc., ideas que normalmente se construían con estructuras de concreto. Sin embargo, en 1951–52, Le Corbusier diseñó, en aparente contraste con gran parte de la obra que había concebido hasta ese entonces, una casa para vacacionar: El Cabanon, para su esposa, en la costa francesa. Una planta de 3.66 x 3.66 metros x 2.26 metros de altura; un solo espacio con un mínimo de mobiliario: dos camas, una mesa plegable, armarios empotrados, dos cubos de madera que funcionan como sillas, un pequeño lavabo de acero inoxidable y un WC. Algunos de estos muebles ayudaban a organizar y dividir los espacios y, a su vez, servían para almacenar ciertos objetos. Otra característica que llama la atención de esta cabaña es que no tenía cocina. Le Corbusier mencionaba no necesitarla debido a la cercanía de un restaurante de un amigo en donde podía cubrir esa necesidad; tampoco tenía ducha porque el mar estaba a unos cuantos pasos. El Cabanon era una casa básica y esencial, en la que resulta intrigante el grado de austeridad y sobriedad en todos los sentidos (dimensiones, materialidad, programa, etc.). Una cabaña de madera, frente a la costa francesa, fuera de una situación urbana densa.

La vivienda rural y vernácula, además de dar respuestas a soluciones específicas, destaca por sus características que detonan preguntas críticas en torno a nuestra sociedad y a nuestra profesión: ¿Es fundamental el uso de un material específico o local en una zona determinada? ¿Qué tan importante es que un espacio sea flexible? ¿Qué tan importantes son los usos y costumbres de un lugar? ¿Todas las decisiones dependen de nosotros, los arquitectos, o sólo algunas? ¿Es importante el tamaño? Un espacio, ¿es sólo el espacio interior o también el que lo rodea? Por mencionar algunas cuestiones, entre muchas más.

PRODUCTORA es un estudio conformado por Abel Perles (1972, Argentina), Carlos Bedoya (1973, México), Víctor Jaime (1978, México), y Wonne Ickx (1974, Bélgica). Su trabajo se caracteriza por un énfasis en las geometrías precisas, un afán por generar proyectos legibles con gestos claros y la búsqueda de edificios atemporales en sus resoluciones materiales y programáticas.

—PRODUCTORA

24

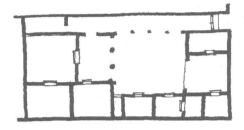

House with Courtyard

A house that we find extremely interesting is the house with courtyard. However, it is important to point out that, even more than a house, it is a building typology that crosses much of Western architecture—both in time and space. In the words of Anton Capitel, "The courtyard as a way of living, as a system, can be defined as a type, if you will, even though it is something more than that: it is a systematic and versatile archetype, capable of sheltering a large number of uses, shapes, sizes, styles and different characteristics."

Particularly in Mexico, courtyard houses began to appear in the period immediately after the conquest, due to their importation by the Spanish. By then, this typology had been perfected in Europe over the course of at least 18 centuries (perhaps reaching its peak during the Italian Renaissance). Now, it is worth highlighting some of the reasons why the house with a courtyard—as a system—makes sense in our country.

First, the model of the house with courtyard, more than a predefined and closed typology, is characterized by being a flexible system that allows us to organize a wide range of things from some elementary considerations, from small dwellings to large, complex buildings with many floors. In this sense, its versatility rests on a simple structural system that arises from the accommodation of the building around a courtyard. Around this courtyard, we can accommodate up to four bays (sometimes double), everything that requires a specific program using

a reticular structural logic governs the whole organization in a clear and efficient way. This structure allows for the bays to be subdivided in a virtually infinite number of ways.

On the other hand, the basic components in the configuration of the house with courtyard—in addition to the interior spaces—are the courtyard and the vestibule. The courtyard, the heart of the dwelling, suggests in itself a structural logic; and the vestibule is the point at which the regularity of the space is interrupted to communicate the building with the exterior. It should be added that both spaces share a certain ambiguity, since they are at the same time interior and exterior spaces. In addition, the scheme allows it to adapt to both urban grids as well as irregular patterns and sloping terrains.

Finally, perhaps the main reason why this typology has been so successful in Mexico is that it is an archetype that was perfected in the Mediterranean. In other words, the bioclimatic specificities that it has been solving for centuries in Europe are very similar to those found in some regions of our country. Thus, the house with courtyard allows for illumination and ventilation of buildings—from a strategic location—in a natural and passive way.

Ricardo Agraz has distinguished himself by maintaining a constant dialogue between the two poles that guide his work: tradition and modernity. This conciliatory zeal bets for an architecture that, while it has its roots in the past, resonates with the forms that its inhabitants take in the present. For this reason, the guiding axis that structures and gives meaning to their projects consists in the restless and tireless search for an "appropriate modernity."

Casa con patio

La casa con patio es una vivienda que nos resulta sumamente interesante. Sin embargo, es importante señalar que más incluso que una vivienda, se trata de una tipología edificatoria que atraviesa gran parte de la arquitectura occidental—tanto en el tiempo como en el espacio. En palabras de Anton Capitel, "El patio como modo de habitar, como sistema, puede definirse como un tipo, si se quiere, aun cuando es algo más que eso: es un arquetipo sistemático y versátil, capaz de alojar una gran cantidad de usos, formas, tamaños, estilos y características diferentes".

Particularmente en México, las casas con patio comienzan a aparecer en el periodo inmediatamente posterior a la conquista, importadas por los españoles. Para entonces, dicha tipología se había ido perfeccionando en Europa en el transcurso de por lo menos dieciocho siglos (alcanzado tal vez su cumbre durante el Renacimiento italiano). Ahora bien, vale la pena destacar algunas de las razones por la cuales, desde entonces, la casa con patio—como sistema—ha hecho sentido en nuestro país.

En primer lugar, el modelo de la casa con patio, más que una tipología predefinida y cerrada, se caracteriza por ser un sistema flexible que permite organizar una amplia gama de aspectos—a partir de algunas consideraciones elementales—desde pequeñas viviendas hasta complejos edificios de grandes dimensiones y varios niveles. En este sentido, su versatilidad yace sobre un sencillo sistema estructural que surge del acomodo de la edificación en torno a un patio. Alrededor de dicho patio se acomoda, en hasta cuatro crujías (en ocasiones hasta el doble), todo aquello que requiere un determinado programa respetando una lógica estructural reticular que rige toda la organización de forma clara y eficiente. Dicha estructura permite, a su vez, que se pueda subdividir el espacio interior de las crujías de maneras prácticamente infinitas.

Por otra parte, los componentes básicos en la configuración de la casa con patio—además de los diversos espacios interiores—son el patio y el zaguán. El patio, el corazón de la vivienda sugiere en sí mismo una lógica estructural; y el zaguán como el punto en el que la regularidad del conjunto se interrumpe para comunicar la edificación con el exterior. Se debe agregar que estos dos espacios comparten una cierta ambigüedad,

ya que son al mismo tiempo espacios interiores y exteriores. Además, el esquema permite que se adapte tanto a trazas urbanas, como a trazas irregulares y terrenos con pendiente.

Por último, tal vez la razón principal por la que dicha tipología haya tenido tanto éxito en México sea que se trata de un arquetipo que se perfeccionó en el Mediterráneo. En otras palabras, las especificidades bioclimáticas que estuvo resolviendo desde hace siglos en Europa, son muy parecidas a las que encontramos en algunas regiones de nuestro país. Así, la casa con patio permite iluminar y ventilar la vivienda—a partir de su ubicación estratégica—de forma natural y pasiva.

Ricardo Agraz se ha distinguido por mantener un diálogo constante entre los dos polos que orientan su labor: la tradición y la modernidad. Dicho afán conciliador apuesta por una arquitectura que, aunque tiene sus raíces en el pasado, está en resonancia con las formas le imprimen sus habitantes en el presente. Por esta razón, el eje rector que estructura y da sentido a sus proyectos consiste en la búsqueda incansable de una "modernidad adecuada".

—Agraz Arquitectos SC

25

Rojkind Arquitectos was invited to participate by sending a text referencing a vernacular house that inspired them. Unfortunately, they declined this invitation.

Rojkind Arquitectos is a firm focused on the design and development of innovative tactics aimed at the experience of the senses and spaces. Architectural design and urban planning solutions that go beyond functionality. Their projects aim to generate a positive impact on our society and the environment.

Se invitó a Rojkind Arquitectos a participar mediante el envío de un texto que hiciera referencia a una

casa vernácula que los haya inspirado. Lamentablemente decidieron no participar.

Rojkind Arquitectos es un despacho enfocado en diseño y desarrollo de tácticas innovadoras orientadas a la experiencia de los sentidos y los espacios. Sus diseños arquitectónicos y sus soluciones de planeación urbana van más allá de la funcionalidad. Sus proyectos buscan generar un impacto positivo a nuestra sociedad y en el medio ambiente.

26

The rural house that we think we know

The rural house that we identify with is in the Bajío, the Mexican highlands, similar to the attributes of the Mediterranean climate. They are houses in which there is virtually no ornamental element, not even color. The houses merge tactically and ideologically with the environment, where almost everything is reduced to the relationship between the efficiency of resources, their durability, and their immediate surroundings, on which they depend. Its residents protect this micro-climate, which they know exhaustively and have been shaping over generations. Their lifestyles have barely changed through time, and we could obtain knowledge of their contained relationship with the extraction of raw materials and energy from the local environment. We found the idea of a central void that uses a hybrid species halfway between a tropicalized *hortus conclusus*—a giant *compluvium* that aerates and humidifies. This center of the space promotes the cultivation of both aromatic and medicinal herbs, acts as the monitoring point of seasonal changes, and is an important area of socialization and rituals that give meaning to the course of time, which rationalize the existence within these homes, making them one of the most beneficial contributions to the biotope of much of the territory of our country.

Tactic-A is a workshop interested in the way in which urbanism, landscape, architecture, and objects are designed, produced and function, while trying to work at different scales and typologies. Its production process works by alternating the qualities of the amateur and the specialist, and through this duality seeks to provide efficient solutions to specific conditions, keeping a fresh and attentive look at each project.

La vivienda rural que creemos conocer

La vivienda rural con la que nos sentimos identificados se encuentra en el Bajío, en el altiplano mexicano, con una cierta semejanza con los atributos del clima mediterráneo. Son casas en las que no existe prácticamente ningún elemento ornamental, ni siquiera el color, las casas se fusionan, táctica e ideológicamente con el entorno, y donde casi todo se reduce a la relación entre la eficiencia de los recursos, su durabilidad y la relación con el entorno inmediato, del cual dependen. Entendemos a sus habitantes como una especie de limitación que protege el microclima, al que conocen de forma exhaustiva, al que le han ido dando forma generación tras generación, en donde los cambios en el estilo de vida apenas han cambiado y del cual podríamos obtener recursos estratégicos de su relación tan contenida con la extracción de insumos y energía del exterior. Sin embargo, encontramos en la idea de su vacío central y su uso del mismo en una especie híbrida a medio camino entre un jardín cerrado tropicalizado, un enorme sistema de captación de lluvia que airea y humidifica, el centro del hábitat que promueve el cultivo de hierbas, tanto aromáticas

como medicinales, el punto de control de los cambios estacionales y área de socialización y rituales que le da sentido al curso del tiempo, que permiten racionalizar de alguna manera la existencia dentro de estas viviendas, una de las aportaciones más provechosas para el biotopo de gran parte del territorio de nuestro país.

Tactic-A es un taller interesado en la forma en la que se diseñan, producen y funcionan el urbanismo, el paisajismo, la arquitectura y los objetos, intentando al mismo tiempo trabajar en diferentes escalas y tipologías. Su proceso de producción funciona alternando las cualidades del amateur con las del especialista, y mediante esta dualidad busca proporcionar soluciones eficientes a condiciones específicas, conservando una mirada fresca y atenta a cada proyecto.

—Tactic-A

27

Lina Bo Bardi, Casa Valeria Cirell (1958)

Lina Bo Bardi's projects always work with the essential and with a materiality and technique associated with the landscape and contextual conditions.

In particular, the Valeria Cirell house designed in 1958 is a clear example of how architecture is located, modified, and becomes part of the environment. It is a project that was designed to understand how to install a project on the site and at the same time modify it.
    The composition of the project

is structured from clear and pure geometric shapes, framed by a side gallery that surrounds and unifies the two main bodies and the courtyard. This gallery creates a transition space between the interior and exterior of the house. The timber is embedded in the ground, adapting to the particular condition of each part of the house, such as transforming into a house on stilts when passing through the part of the house facing the pool pond.
    The materiality of the house is part of the use of simple and traditional techniques such as the use of brick and a sloping roof which was initially a palm roof, then replaced by tile, without losing the original essence of the project.

GAETA-SPRINGALL Arquitectos was founded by Julio Gaeta and Luby Springall in 2001. The studio's interests are focused on housing, landscape-urbanism, public space, memory spaces and social architecture. Gaeta and Springall combine professional practice with teaching and research, with the conviction that different platforms enhance a better way of doing architecture.

Lina Bo Bardi, Casa Valeria Cirell (1958)

Los proyectos de Lina Bo Bardi siempre trabajan con lo esencial y con una materialidad y una técnica asociadas al paisaje y a las condiciones de contexto.

En particular, la casa Valeria Cirell proyectada en 1958 es un claro ejemplo de cómo la arquitectura se localiza, modifica y se convierte en parte del entorno; es un proyecto que se diseñó para entender cómo se instala un proyecto en el sitio y, al mismo tiempo, cómo lo modifica.
    La composición del proyecto se estructura a partir de formas geométricas claras y puras y, a su vez, lo enmarca una galería lateral que rodea y unifica los dos cuerpos principales y el patio. Esta galería crea un espacio de transición entre el interior y el exterior de la casa. Los troncos se incrustan en el terreno adaptándose a la condición particular de cada parte

de la casa, la cual se convierte en palafito cuando pasa por la parte de la casa que da al estanque piscina.

La materialidad de la casa se enmarca en la utilización de técnicas sencillas y tradicionales tales como la utilización del ladrillo y un techo inclinado que en un principio estaba hecho de palma, pero posteriormente fue sustituida por teja, sin perder la esencia original del proyecto.

Julio Gaeta y Luby Springall fundaron GAETA-SPRINGALL Arquitectos en 2001. Sus intereses se centran en temas de vivienda, paisajismo-urbanismo, espacio público, espacios de la memoria y arquitectura social. Gaeta y Springall combinan la práctica profesional con la docencia y la investigación, con la convicción de que las distintas plataformas potencian una mejor manera de hacer arquitectura.

—GAETA-SPRINGALL Arquitectos

28

The Huasteca House

One of the vernacular dwellings that I like most and that has influenced me is the Huasteca house (located in northwestern Mexico), because it meets the needs of its inhabitants, encourages family reunion, and takes into account the conditions of the site by integrating the interior and exterior.

The houses are circular, semi-circular, and rectangular, and achieve an incorporation with the context using the materials of the area. Forming square and rectangular platforms that support the domestic structure, the rooms are arranged around patios and semi-enclosed spaces.

Public spaces, such as the kitchen and the dining room, are in semi-enclosed areas with enough space to eat. The private areas, like bedrooms and bathrooms, are closed and protected from the elements by means of walls made of bamboo and palm leaves placed horizontally. It is interesting to me how they generate lighting and ventilation, since some bamboo is left unplastered.

I like the textures formed by the materials of the walls in combination with those covered with dry palm or colored grass finely placed on each of the bundles tied with vines, which are joined by means of knots to the roof frame. From the outside, the overhangs show an extremely complex and colorful braiding.

The open spaces or squares articulate the semi-enclosed and closed spaces generating family coexistence. Another characteristic element of the Huaxtec architecture that catches my attention is the *tapanco*, which is a space that is formed between the structure of the roof and the sloping roof. This space is programmed to store grain or simply as a supplementary warehouse.

Taller ADG is mainly dedicated to carrying out architectural projects meant to be socially relevant. In ADG each stage of the creation process is valued, which starts with research (historical, environmental, and architectural), contemplates issues of urbanism, sustainability, landscape, interior design, and graphic identity, working with technology for construction in a single virtual model (BIM), and in partnership with national and international consultants.

La casa huasteca

Una de las viviendas vernáculas que más me gusta y ha influido en mí, es la casa Huasteca (ubicada en el noroeste de México) ya que cumple con las necesidades de sus habitantes, fomenta el encuentro familiar y toma en cuenta las condiciones del sitio integrando el interior y exterior.

Las viviendas son de planta circular, semicircular y rectangular y logran esta incorporación con el contexto utilizando los materiales de la zona y formando plazas y plataformas cuadradas y rectangulares que apoyan la estructura doméstica. Los cuartos están dispuestos alrededor de los patios y los espacios semicerrados.

Los espacios públicos como la cocina y el comedor se encuentran en áreas semicerradas en donde está el horno y los braseros así como suficiente espacio para comer. Las áreas privadas como las recámaras y los baños están cerradas y protegidas de la intemperie por medio de muros hechos de bambú y hojas de palma colocadas horizontalmente. Se me hace interesante como generan la iluminación y la ventilación ya que dejan algunos bambúes sin enjarrar.

Me gustan las texturas que forman los materiales de los muros en combinación con aquellas recubiertas de palma seca o zácate de colores colocadas finamente sobre cada uno de los manojos atados con bejuco, los cuales se unen por medio de nudos al armazón de la techumbre. Desde el exterior, la cumbrera muestra un trenzado sumamente complejo y vistoso.

Los plazas o espacios abiertos articulan los espacios semicerrados y cerrados generando espacios para la convivencia familiar. Otro elemento característico de la arquitectura huasteca que me llama la atención es el tapanco que es un espacio que se forma entre la estructura de la techumbre, y la cubierta exterior inclinada. Este espacio se dedica al almacenamiento de granos o simplemente se usa como bodega suplementaria.

Taller ADG se dedica principalmente a realizar proyectos arquitectónicos llamados a ser socialmente relevantes. En ADG, se valora cada etapa del proceso de creación, cuyo punto de partida es la investigacion (historica, ambiental y arquitectónica), contempla cuestiones de urbanismo, sustentabilidad, paisaje, interiorismo e identidad gráfica, trabajando con tecnologías para la construcción en un solo modelo virtual (BIM), y en alianza con consultores nacionales e internacionales.

—TALLER ADG

29

The Hive House

From the need to settle in a place with extreme climates and without using basic elements of construction, such as stone and wood, the ancient Syrian people built the Hive House in Turkey. Inspired by elements of a honeycomb, using wide walls and only a few spans exclusively for ventilation and access, these people built a community of conical houses in the form of beehives in the middle of the desert, with spaces that responded to their physiological needs.

They are made of thick adobe blocks, which is a mixture of clay, sand, and straw that is then covered with the same material to trap fresh air and keep the emanating heat from the sun on the outside. The roofs are domes that expel the hot air generated by the users and allow for a cool interior. Their sloping shape also allows them to repel the few but heavy rains.

During the night when the temperature drops considerably, the heat trapped by the adobe is preserved within the interior of the house, resulting in a habitable and comfortable space for the inhabitant 24 hours a day, even when the outside temperatures are extreme.

In addition to temperature, other natural phenomena are present on the border between Syria and Turkey, where these houses are located, such as high seismic activity, a problem that is solved from a circular base and conical geometry that allows a greater resistance to these forces of nature.

In a time when the resources that we know today were non-existent, these people were able to live comfortably in the desert without air conditioning in houses built from nature.

In places around the Mexican Republic, where during the summer and spring temperatures are extreme such as in Quintana Roo, Guerrero, and Sonora, air conditioning can account for up to 70 percent of electricity consumption, in addition to emitting CO_2 that is harmful to the environment and contributes to global warming. Using construction techniques that are adapted to the needs of the site and not to universal trends, as the Syrian people did, it is possible to stop using artificial elements to keep the interior fresh and in a natural way achieve the same result, with greater economic, ecological, and even health benefits.

The variety of climates and natural and technological resources in a country with a territorial extension as large as Mexico is very variable, so it is not possible to have a single prototype of social housing. It is important to take advantage of the natural conditions to achieve a greater benefit and quality of life for the user.

Taking this house literally to use it as social housing in a country like Mexico is not a viable option. However, taking elements from this house that allow savings and improve in general the social housing model that has been adopted in certain regions, mainly those with extreme temperatures, will allow us to establish a new and improved social housing prototype.

Taller 4:00 A.M. is a young architecture office founded in Mexico City by Israel Rodríguez, trained at the NTNU (Norwegian University of Science and Technology). They are completely convinced of the important contribution that can be made to society through architecture. They believe in seeking architectural answers to non-architectural questions: inequality, social exclusion, access to housing, scarcity of resources.

La casa colmena

A partir de la necesidad de asentarse en un lugar con climas extremos sin utilizar elementos básicos de construcción, como la piedra y la madera, el antiguo pueblo sirio construyó la casa colmena en Turquía.

Retomando elementos propios de un panal de abejas, como muros anchos y unos cuantas entradas usadas exclusivamente para la ventilación y el acceso, esta gente levantó en medio del desierto una comunidad de casas cónicas a manera de colmenas, con espacios que respondían solamente a las necesidades fisiológicas de los habitantes.

Están hechas a base de gruesos bloques de barro mampuestos, mejor conocidos como adobe, el cual es una mezcla de arcilla, arena y paja, y revestidas del mismo material para atrapar aire fresco y seguir emanando el calor del sol hacia el exterior. Las cubiertas son cúpulas que expulsan el aire caliente generado por los usuarios y permiten un interior fresco. Su forma inclinada también permite repeler las pocas, pero fuertes lluvias.

Durante la noche, cuando la temperatura desciende considerablemente, el calor atrapado por el adobe, se conserva al interior de la vivienda, teniendo como resultado un espacio habitable y confortable para el usuario las 24 horas del día, incluso cuando las temperaturas del exterior sean extremas.

Además de la temperatura, otros fenómenos naturales se encuentran presentes en la zona fronteriza entre Siria y Turquía, en donde se encuentran ubicadas estas casas, tales como una alta actividad sísmica, problema que es resuelto a partir de una base circular y geometría cónica que permite una mayor resistencia ante estas fuerzas de la naturaleza.

En una época en la cual no existían los recursos que conocemos hoy en día, estas personas fueron capaces de habitar en el desierto sin aire acondicionado y de vivir cómodamente en casas construidas a partir de la naturaleza.

En lugares de la República Mexicana, en donde durante el verano y la primavera, las temperaturas son extremas como Quintana Roo, Guerrero y Sonora, el aire acondicionado puede llegar a consumir hasta el 70% del consumo de energía eléctrica, además de emanar CO2 que es dañino para el medio ambiente y el principal causante del calentamiento global. Utilizar técnicas de construcción adaptadas a las necesidades del sitio y no a tendencias universales, tal como lo hizo el pueblo sirio, se pueden dejar de usar elementos artificiales para mantener un interior fresco y de forma natural lograr el mismo resultado, con mayores beneficios económicos, ecológicos e incluso de salud.

La variedad de climas, recursos naturales y tecnológicos en un país con una extensión territorial tan grande como México es muy variable, por lo que no se puede tener un solo prototipo de vivienda social. Es importante aprovechar las condiciones naturales para lograr un mayor beneficio y calidad de vida en el usuario.

Retomar de manera literal esta vivienda para usarla como vivienda social en un país como México, no es una opción viable. Sin embargo, retomar de esta casa colmena elementos que permitan un ahorro y mejorar en general el modelo de vivienda social que hemos adoptado en ciertas regiones, principalmente aquellas que presentan temperaturas extremas, permitirá establecer un prototipo de vivienda social nuevo y mejorado.

Taller 4:00 A.M. es una oficina joven de arquitectura fundada en la Ciudad de México por Israel Rodríguez, arquitecto formado en la NTNU (Universidad Noruega de Ciencia y Tecnología). Están completamente convencidos de la importante contribución que la arquitectura puede hacer a la sociedad. Ellos buscan dar respuestas arquitectónicas a preguntas no arquitectónicas, como la desigualdad, la exclusión social, el acceso a la vivienda, y la escasez de recursos.

—Taller 4:00 A.M.

30

The Rural House

For several years we have been developing design workshops in Rome, which gave us the opportunity to visit different towns and islands along the west coast of Italy. This experience has been of great interest in observing the approach by the regional and local communities to the rural territory understood as a resource that should be protected and valued. However, it can also be seen as an integral part of other elements with which it can interact, such as culture, tourism, agricultural production, and food, to name but a few aspects to which community policies have contributed significantly.

In our context, confined between the borders of the United States and Mexico, as opposed to Italy, which is possibly one of the regions that we would least think of in relation to here, it is very useful to consider the planning of rural settlements and single-family houses, where in recent years abandonment has prevailed and consumption of the territory has been overwhelming, a policy in favor for the return to land and the rural economy generates a good alternative in this context in constant expansion by migratory settlements, industrial progress, agricultural activity and emergence of the agrotourism.

The rural house can be understood as an element of mediation between man and the environment, which took a central position in Italy as an object of study in the 1930s. The fascist policy of agrarian reorganization aroused interest in this subject by joining the investigation of modern architecture. In this context, Giuseppe Pagano with Guarniero Daniel, in the framework of the VI Milan Triennial in 1936, published the catalog that accompanied it with the intention of illustrating Italian rural architecture, proposing a typological classification of rural dwellings based on the relationship between the home and the spaces dedicated to agricultural functions. The house is, above all, an instrument of work and is classified according to the functions it houses and the operations it is able to make possible.

Pagano's objective, although present, was not so much the aesthetic and historical register of rural architecture, but rather to establish an equivalence between rural architecture and the latent transformation of territory, in turn modern architecture, understood as a common derivation of the functional requirements, could be the evolution of rural architecture. Although architecture tends to focus on organizational and decorative aspects, Pagano has made us reflect on our experience in the Italian territory based on the value that exists in belonging to a place, the architectural elements and the evolution of forms, such as the courtyard that registers a multifaceted negotiation with the territory.

The house in the territory transcends the rural and the urban. It has a deep connection with the context. Therefore, we think that architecture could be understood as the element that defines its territory—far from notions of landscape and especially any form of nationalism—and more as a relationship to the region whose impulse is based on making a territory.

CRO studio is an architecture firm founded in 2007 by Adriana Cuéllar and Marcel Sánchez, located on the Tijuana-San Diego border, that continually seeks to enrich their projects through collective work processes, where new interpretations of typologies are studied and reconfigured to enrich the implicit values that make up an architectural project within its urban context and the conception of the city.

La Casa Rural

Durante varios años desarrollamos talleres de diseño en Roma, lo cual nos brindó la oportunidad de visitar diferentes poblados e islas a lo largo de la costa oeste de Italia. Esta experiencia fue de gran interés ya que pudimos observar la manera en la que las comunidades regionales y locales abordan el territorio rural entendido como un recurso que se debe proteger y valorar. Sin embargo, también se le puede ver como parte integral de otros componentes con los que puede interactuar, como la cultura, el turismo, la producción agrícola y la alimentación por sólo nombrar unos cuantos componentes a los que las políticas comunitarias han contribuido significativamente.

En nuestro contexto, atrapados entre los límites de Estados Unidos y México a diferencia de Italia, que posiblemente es una de las regiones en la que menos pensaríamos en relación a esta región fronteriza, es de suma utilidad pensar en la planificación de asentamientos rurales y casas unifamiliares, donde en años recientes ha prevalecido el abandono y ha habido un consumo desbordado del territorio, una política a favor del retorno a la tierra y a la economía rural que genera una buena alternativa en este contexto en constante expansión por los asentamientos migratorios, el progreso industrial, la actividad agrícola y el surgimiento del agroturismo.

Se puede entender la casa rural como un elemento de mediación entre el ser humano y el medio ambiente, que tomo una posición central en Italia como objeto de estudio en los años treinta. La política fascista de la reorganización agraria despertó interés en este tema, sumándose a la investigación de la arquitectura moderna. En este contexto, Giuseppe Pagano junto con Guarniero Daniel, dentro del marco de la VI Trienal de Milán

en 1936, publicaron el catálogo que acompañó la trienal, con la intención de ilustrar la arquitectura rural italiana, proponiendo una clasificación tipológica de las viviendas rurales basada en la relación entre el hogar y los espacios dedicados a funciones agrícolas. La casa es, ante todo, un instrumento de trabajo y se clasifica según las funciones que alberga y las operaciones que permite.

El objetivo de Pagano no era tanto el registro estético e histórico de la arquitectura rural, aunque estuviera presente, sino más bien establecer una equivalencia entre la arquitectura rural y la latente transformación del territorio, entendida, a su vez, como arquitectura moderna, como una derivación común de requisitos funcionales, que podría presentar la evolución de la arquitectura rural. Aunque la arquitectura tiende a centrarse en aspectos organizativos y decorativos, Pagano nos hace reflexionar sobre nuestra experiencia en el territorio italiano a partir del valor de pertenecer a un lugar, sus elementos arquitectónicos y la evolución de las formas, como el patio que registra una negociación multifacética con el territorio.

La casa en el territorio trasciende lo rural y lo urbano. Tiene una conexión profunda con el contexto. Por lo tanto, pensamos que la arquitectura se podría entender como el elemento que define su territorio, lejos de nociones paisajistas y sobre todo fuera de todo nacionalismo, más como una relación de la región cuyo impulso se basa en hacer un territorio.

CRO studio es un despacho de arquitectura, fundado en 2007 por Adriana Cuéllar y Marcel Sánchez, ubicado en la frontera entre Tijuana y San Diego, que continuamente buscan enriquecer sus proyectos por medio de procesos colectivos de trabajo, donde estudian y reconfiguran nuevas interpretaciones de tipologías para enriquecer los valores implícitos que conforman un proyecto arquitectónico dentro de su contexto urbano y la concepción de la ciudad.

—CRO Studio

31

The Portico

The portico as a natural element of the house.

In a rural house, the change between interior and exterior is rarely given to us as a whole, without pause, without the possibility of having a space that does not have a specific function and at the same time is used for almost everything.

The transition from private space to the street is usually presented as an opportunity to recreate everything that the city needs, which is to see and be seen without feeling totally naked or invisible inside a closed space. I'm interested in the fact that the house we propose has that possibility, and also that it can be as private as the user requires or as open and commercial for the house to form part of the street or the location where it is located.

JC Arquitectura is an office focused on the solution of urban and housing problems through pragmatic, simple and constructively coherent proposals where there is a continuous search for spatial quality. This office sees in the built architecture a tool to improve the cities we inhabit.

El pórtico

El pórtico como elemento natural de la casa.

Raras veces en una vivienda rural, el cambio entre interior y exterior se da de manera total, sin pausa, sin la posibilidad de tener un espacio que no tenga una función específica y, a la vez, se utilice para prácticamente todo.

La transición del espacio privado, a la calle, generalmente se presenta como una oportunidad para recrear todo aquello que necesita la ciudad, que es ver y ser vistos sin sentirse totalmente desnudos o invisibles dentro de un espacio cerrado. Me interesa el hecho de que la vivienda que proponemos tenga esa posibilidad, y además que pueda ser tan privada como requiera el usuario o tan abierta y comercial que la casa forme parte de la calle donde se encuentra o la población dónde se ubica.

JC Arquitectura es una oficina enfocada en la solución de problemas urbanos y habitacionales a través de propuestas pragmáticas, sencillas y constructivamente coherentes en donde existe una continua búsqueda de la calidad espacial. Esta oficina ve en la arquitectura construida una herramienta para mejorar las ciudades que habitamos.

—JC Arquitectura

32

The Mayan House

The Mayan house is the abstraction and complete understanding of a society synthesized in a house.

Each element of the house represents a different meaning that refers to the creation of the Mayan universe and man, making reference to the Popol Vuh. Each element is synthesized in the structure that supports the roofs of these constructions.

In addition to this, it is interesting to study the proportions of 2 to 1 in plan and elevation, laying out a footprint of 4 x 8 meters and in elevation a roof that almost doubles the proportion comparing the height of walls and spans. Speaking to the aesthetics of the houses and the interior morphology, the Mayans referred to a mountain as an allusion, a cosmic cave, and a turtle. All of them are symbols present in the writings of their sacred book.

Some other benefits and architectural successes of these houses is that all the necessary material for their construction comes from their natural environment, preserving the tradition of building houses within the community.

In addition to the symbolism that this housing unit represents, its construction is the most sustainable by using materials and finishes from the peninsular region.

I like to think that the way of conceiving Mayan housing should be the way to design our current projects, making an architecture of value that responds to our needs and at the same time alludes to something bigger than us.

DCPP is an architecture studio, founded by the architects Pablo Pérez Palacios and Alfonso de la Concha Rojas in 2007. From the constant exploration of ideas, a specific methodology for each project and the documentation of the creative process, DCPP believes in an architecture of ideas and not of forms. Its work has been published nationally and internationally and has participated continuously in competitions inside and outside of Mexico.

La casa maya

La casa maya es la abstracción y el entendimiento completo de una sociedad sintetizados en una vivienda. Cada elemento de la casa representa un significado diferente

que hace alusión a la creación del universo maya y del hombre, como se expresa en el Popol Vuh. Cada elemento se sintetiza en la estructura que soporta las cubiertas de estas construcciones.

Además de esto, es interesante estudiar las proporciones de 2 a 1 en el plan y en la elevación, trazando como método tradicional una huella de 4 x 8 M y en la elevación de la techumbre que casi el doble de proporción en comparación con la altura de los muros y los vanos. Cuando se refieren a la estética de las casas, y su morfología interior, los mayas hacían alusion a una montaña, a una cueva cósmica y a una tortuga. Todos estos símbolos se encuentran presentes en los escritos del libro sagrado.

Otras bondades y aciertos arquitectónicos de estas casas es que todo el material necesario para su construcción proviene de su entorno natural, conservando la tradición de construir las casas en comunidad.

Además del simbolismo que representa esta unidad de vivienda, su construcción es de las más sustentables ya que utiliza materiales y acabados de la region peninsular.

Me gusta pensar que la manera de concebir la vivienda maya debería ser la forma de diseñar nuestros proyectos actuales, haciendo arquitectura de valor que responda a nuestras necesidades y al mismo tiempo haga alusión a algo más grande que nosotros.

DCPP es un estudio de arquitectura, fundado por los arquitectos Pablo Pérez Palacios y Alfonso de la Concha Rojas en 2007. A partir de la exploración constante de ideas, una metodología específica para cada proyecto y la documentación del proceso creativo, DCPP cree en una arquitectura de ideas y no de formas. Su trabajo ha sido publicado nacional e internacionalmente y participa continuamente en concursos dentro y fuera de México.

—DCPP

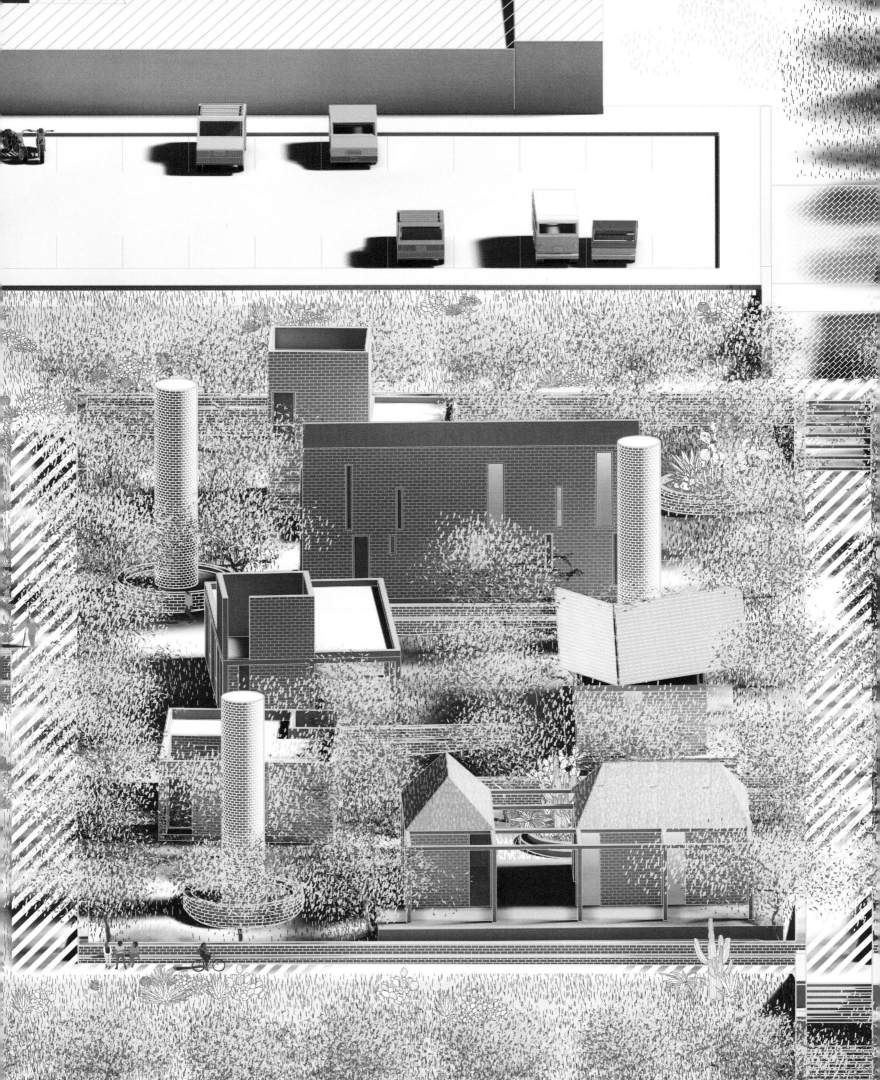

Apan   Laboratorio de Vivienda

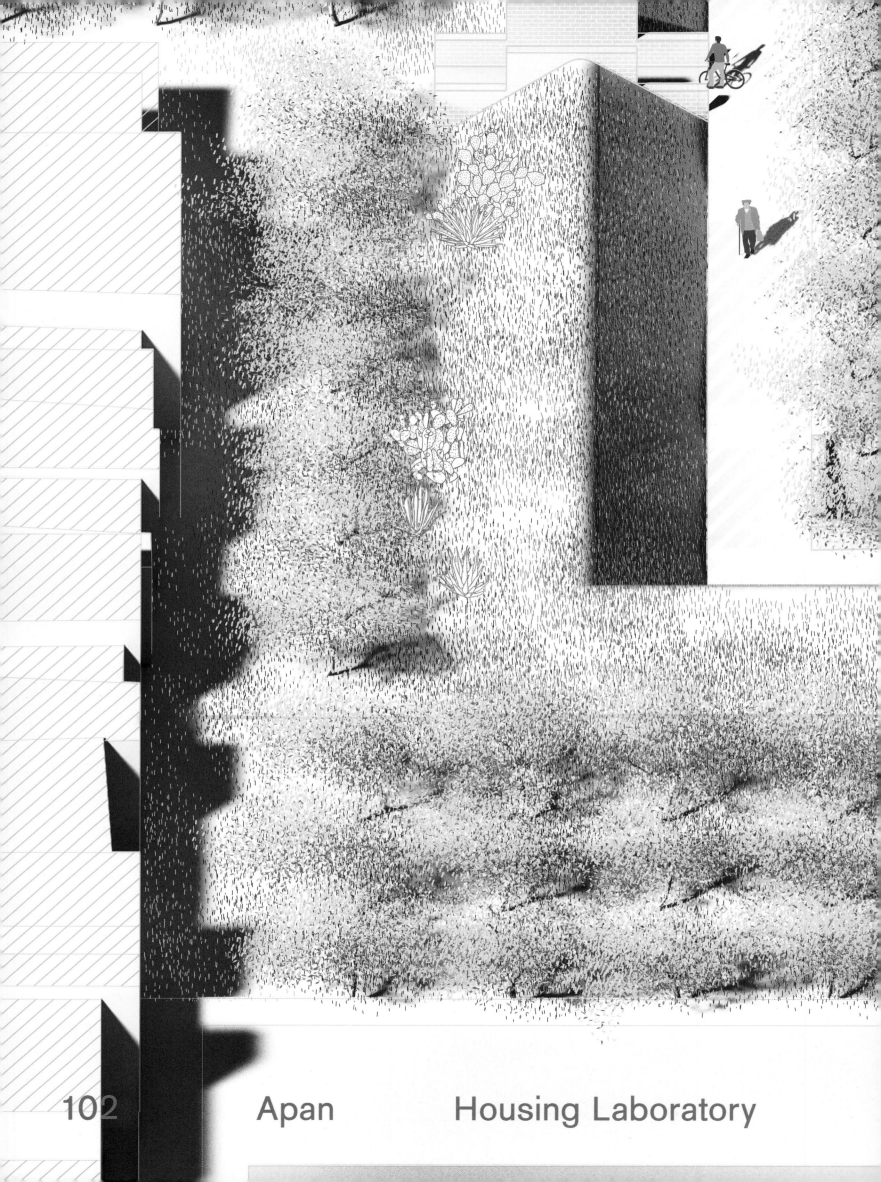

Apan Housing Laboratory

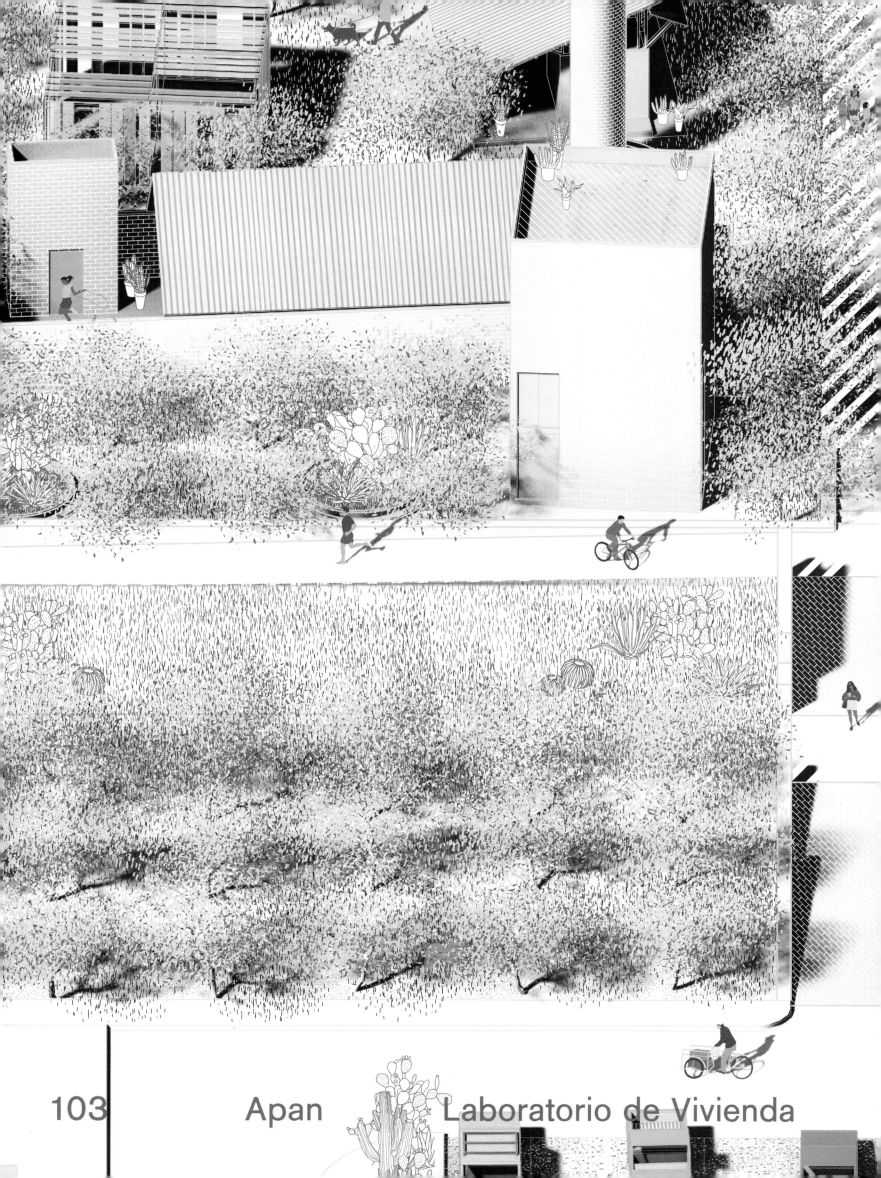

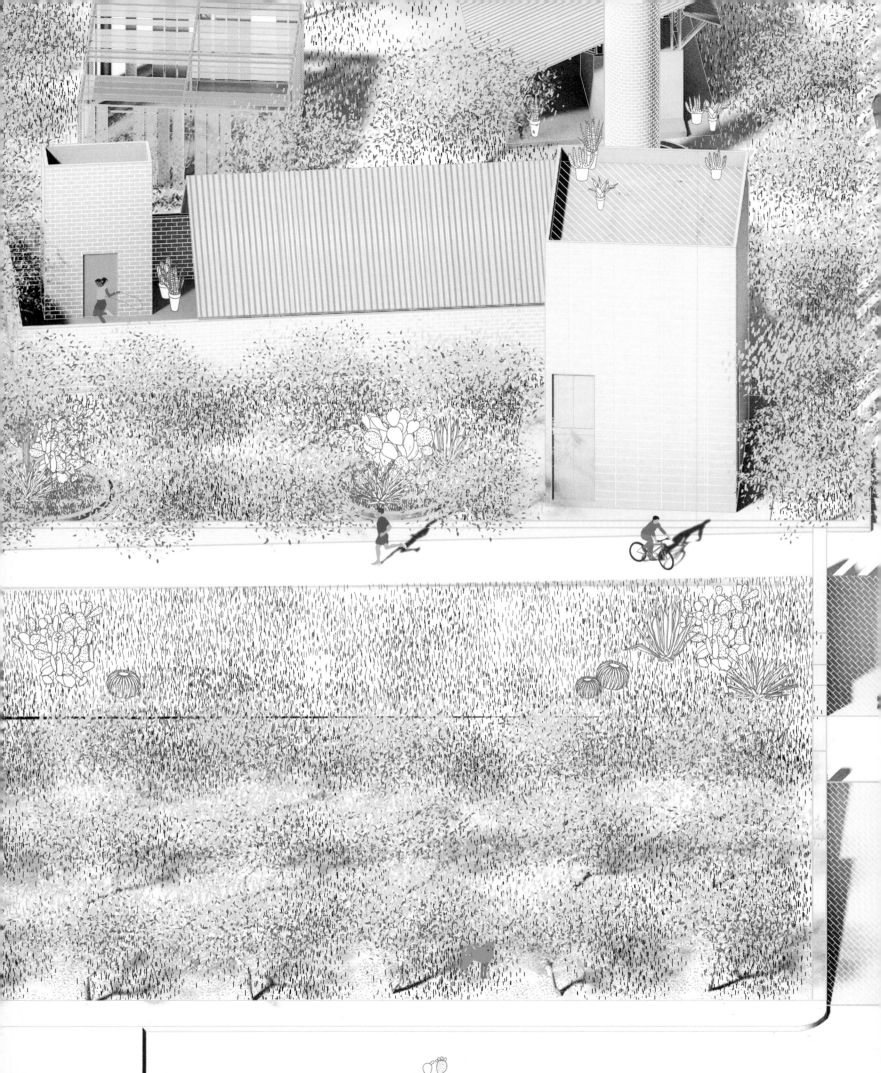

Apan Housing Laboratory

Laboratorio de Vivienda

Apan Housing Laboratory

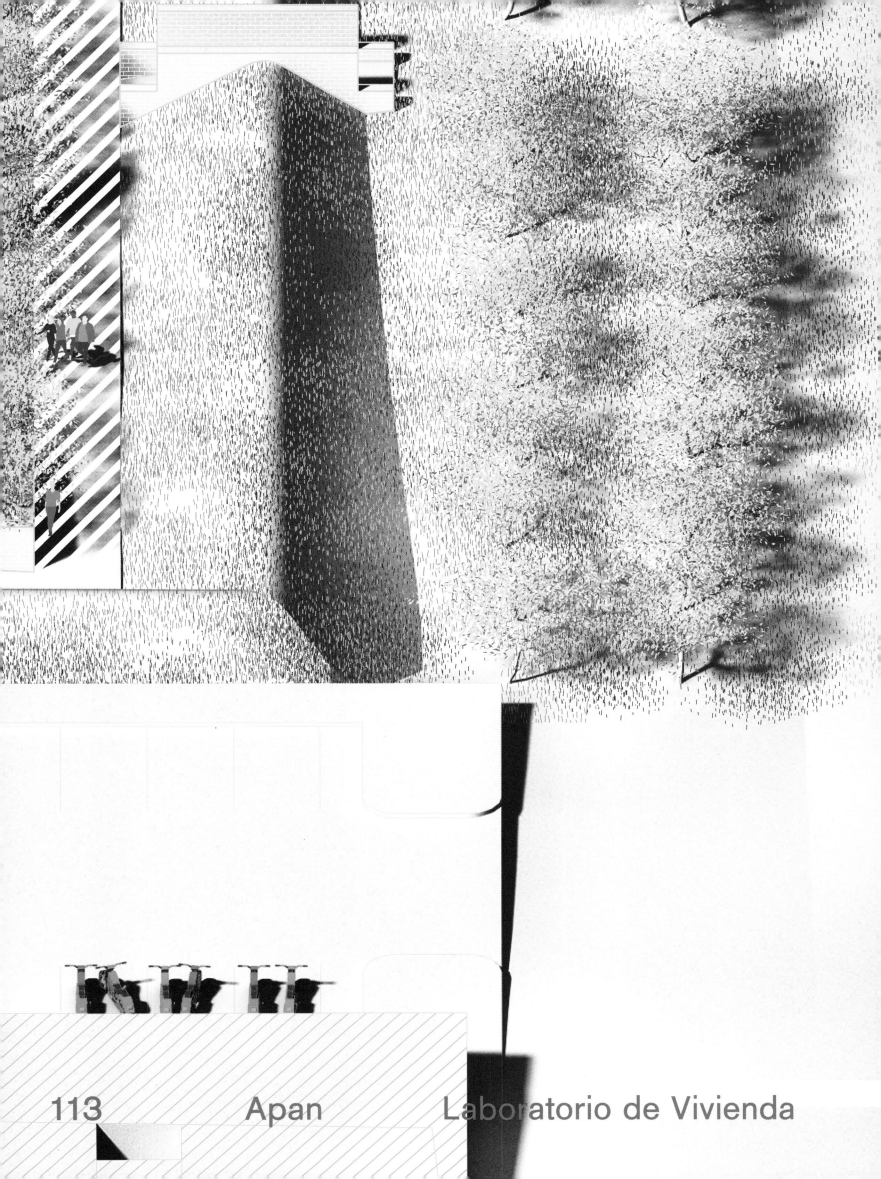

Apan   Laboratorio de Vivienda

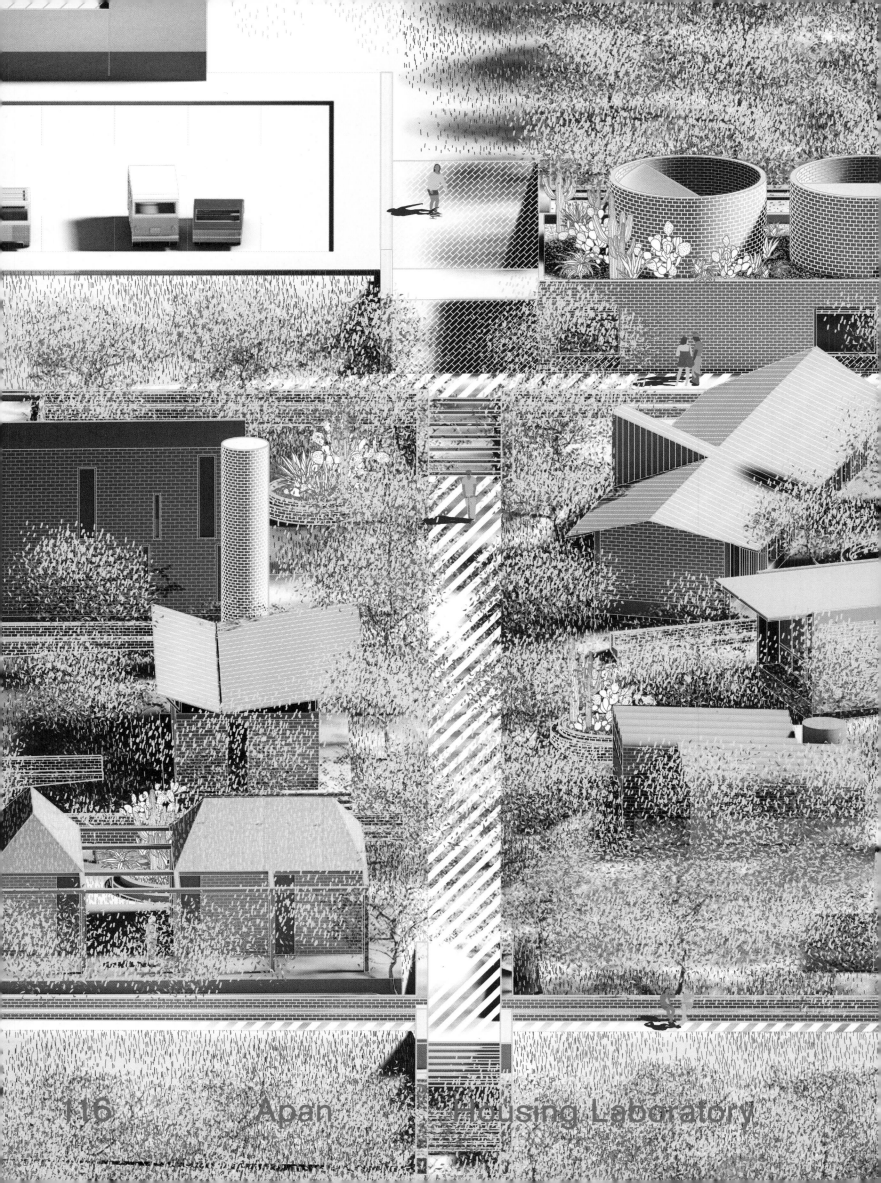

Apan Housing Laboratory

Apan Housing Laboratory

Apan Housing Laboratory

Apa... ...boratorio de Vivienda

Apan Housing Laboratory

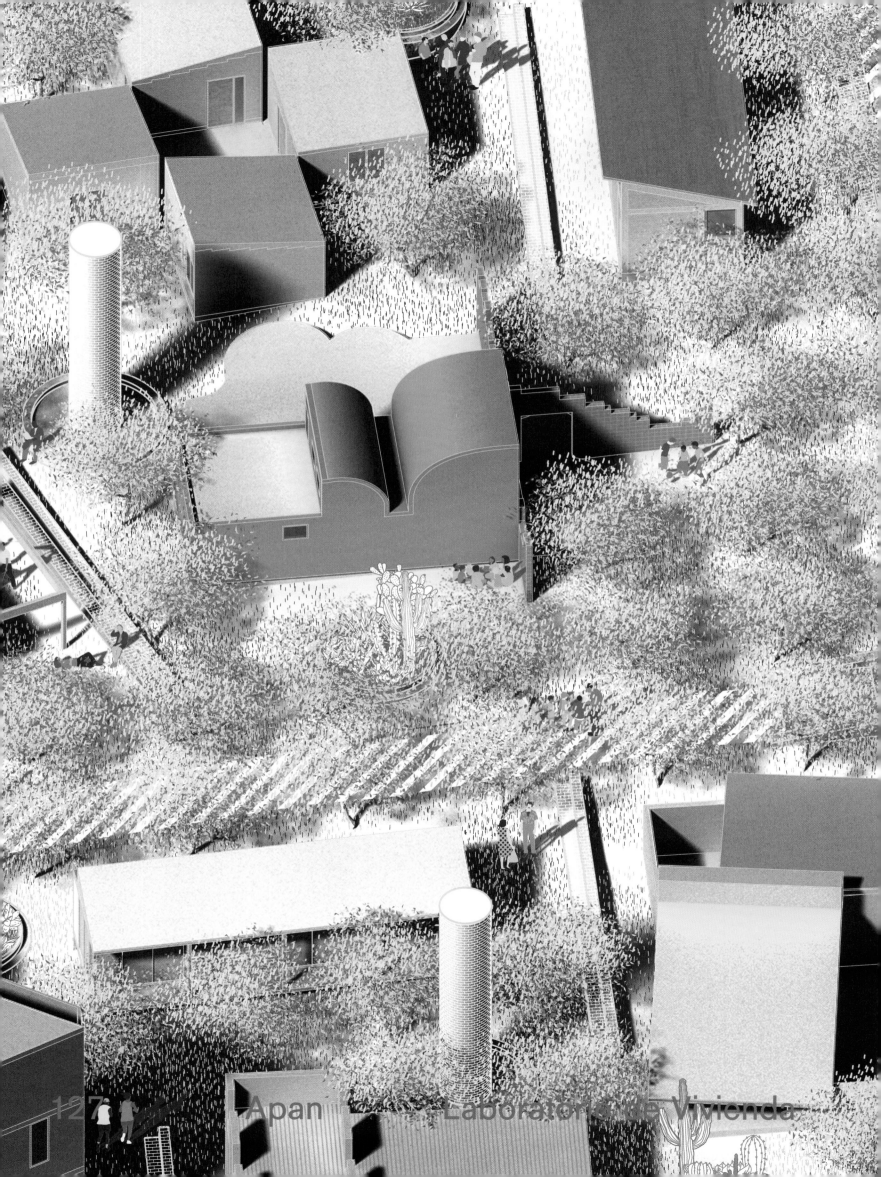

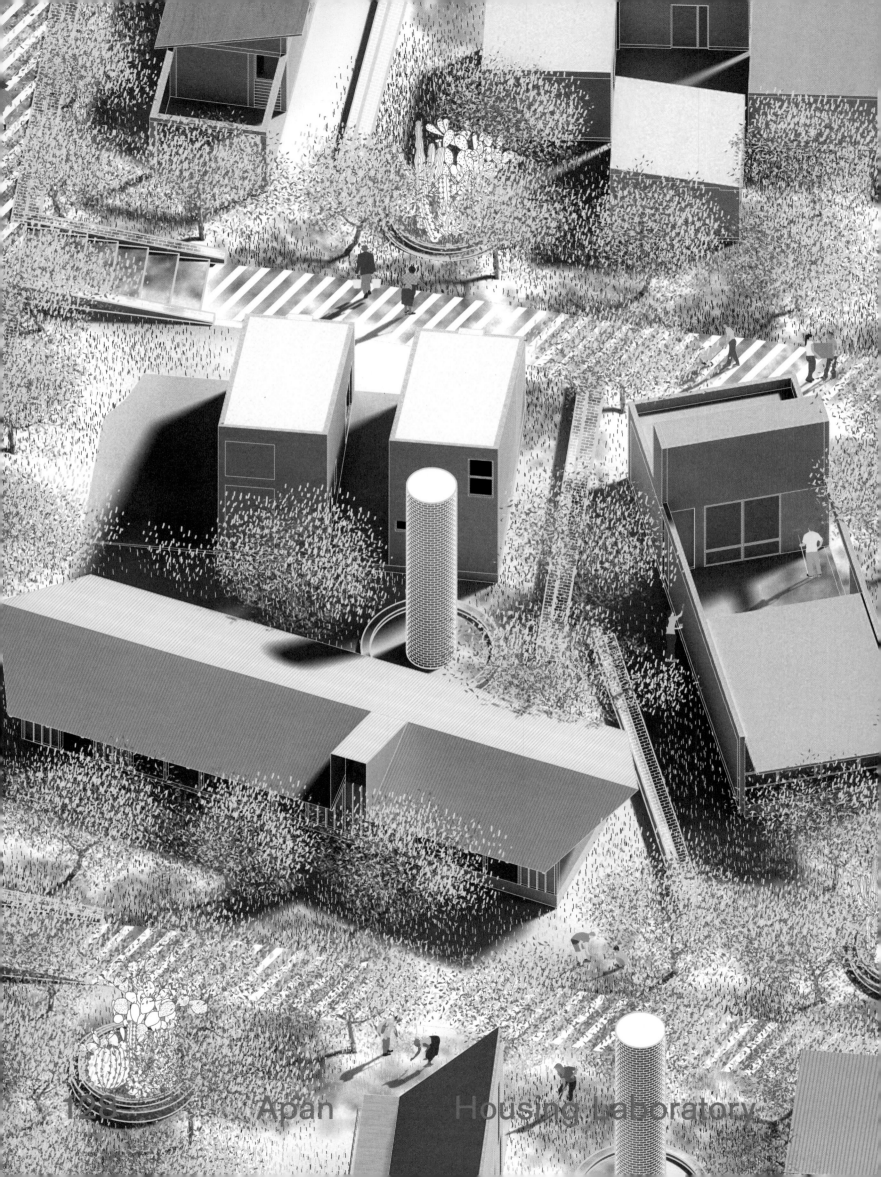

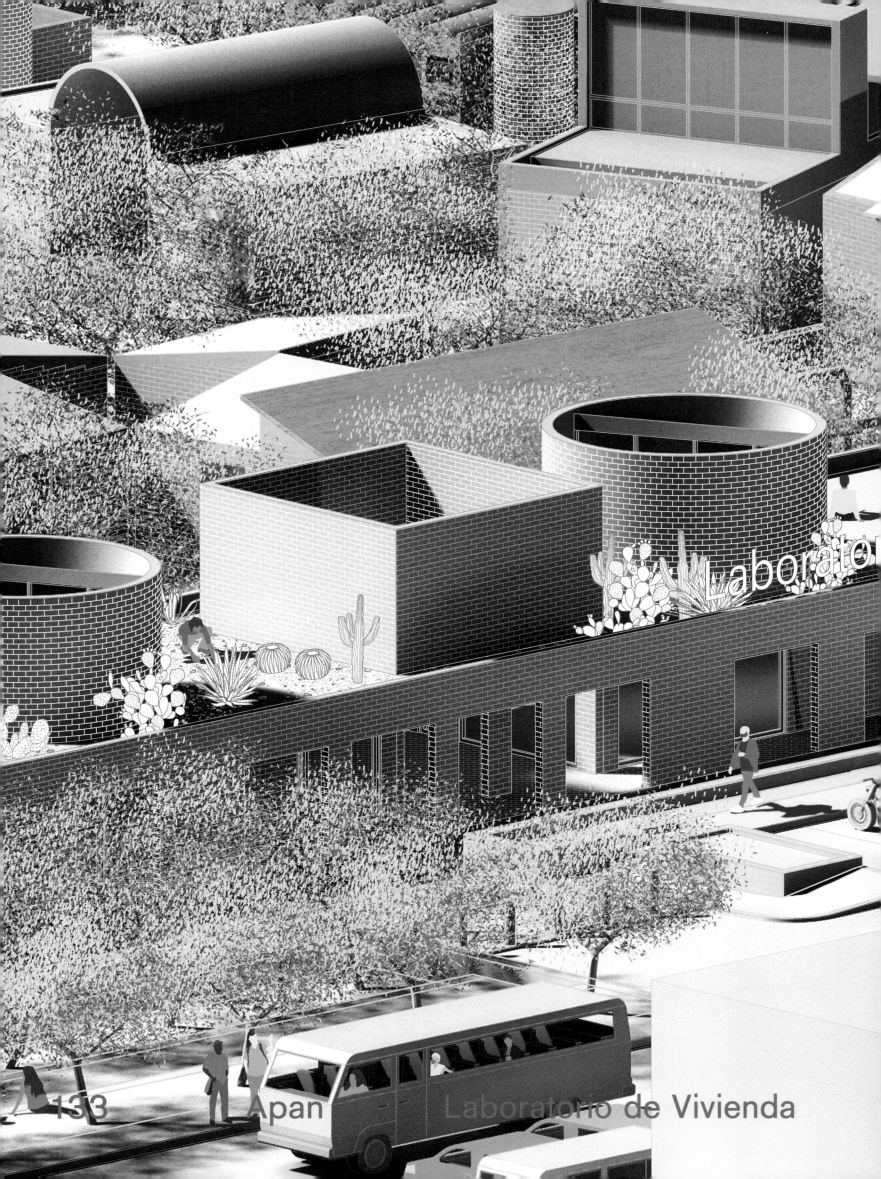

133 Apan Laboratorio de Vivienda

Apac Housing Laboratory

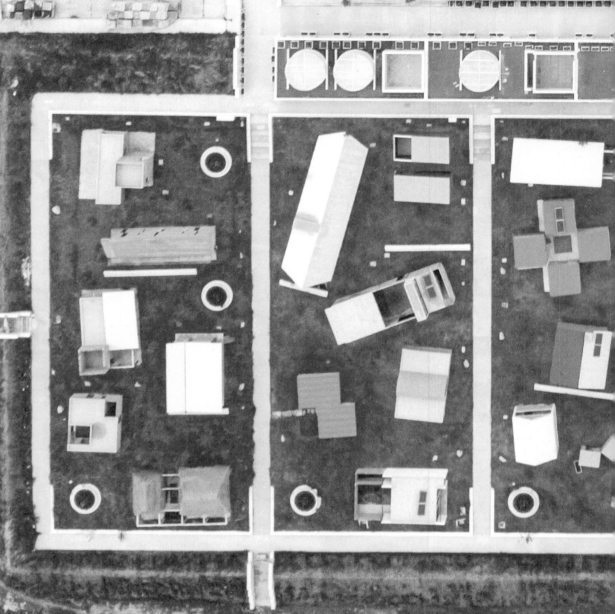

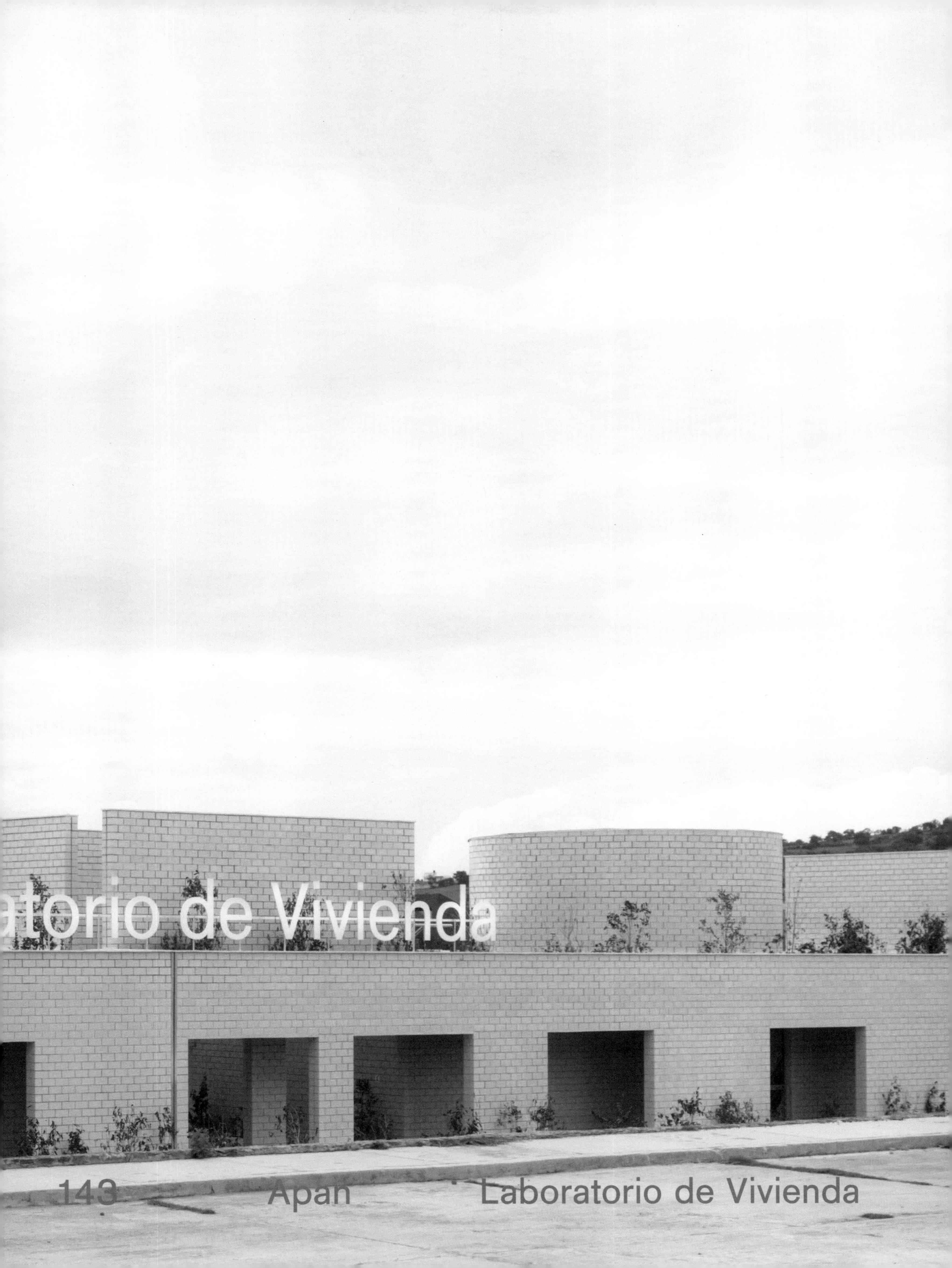
atorio de Vivienda

Apan Laboratorio de Vivienda

Apan Housing Laboratory

Cafetería

Multiusos

Apan   Housing Laboratory

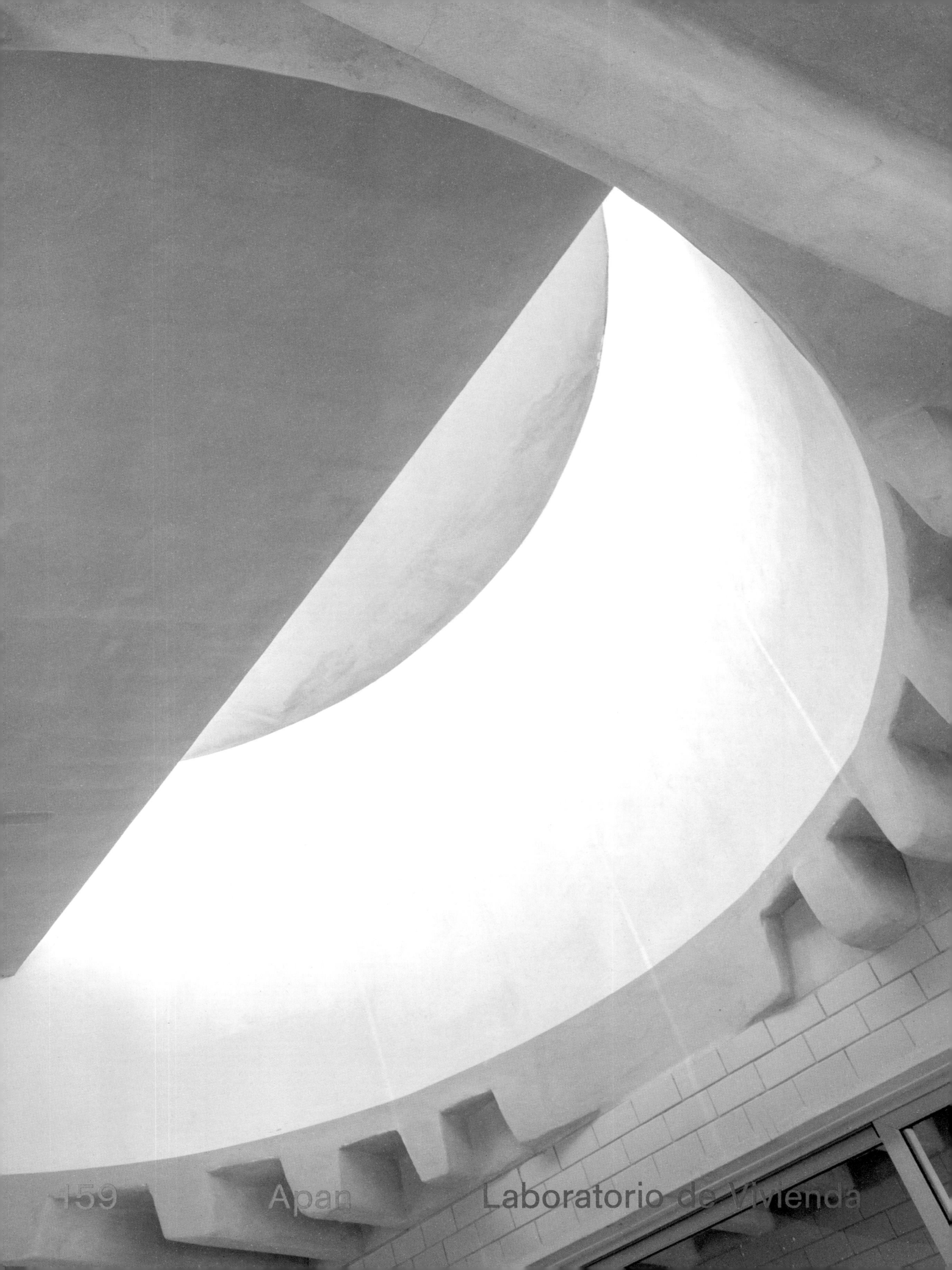
159
Apan
Laboratorio de Vivienda

162   Apan   Housing Laboratory

171   Apan   Laboratorio de Vivienda

Apartment Housing Laboratory

Apan | Laboratorio de Vivienda

Apan Housing Laboratory

Laboratorio de Vivienda

Unfortunately, architecture and urbanism do not always come together. Architecture and urbanism do not always actually deliver what they promise. And certainly they do not always become prototypes, solutions to look at and learn from, beyond performing their primary functions.

Besides fulfilling the ambition of the Instituto del Fondo Nacional para la Vivienda de los Trabajadores (Infonavit), the project "Laboratorio de Vivienda" (Housing Laboratory) might manage all of the above at the same time.

First, about architecture and urbanism. The project is located in Apan, a small town in the state of Hidalgo, in central Mexico northeast of Mexico City, and is meant to develop both new prototypes for single-family houses and a new model for urbanism. In this "Laboratorio," however, the traditional process of designing an urban garden is re-engineered. A group of architects is brought together. Each is tasked with designing a single-family house, knowing it will not be isolated and will entertain a

Lamentablemente, la arquitectura y el urbanismo van de la mano. La arquitectura y el urbanismo no siempre cumplen lo que prometen. Definitivamente, no siempre llegan a ser prototipos, soluciones que se puedan contemplar y de las que se pueda aprender, más allá de cumplir sus funciones primordiales.

Además de responder a los anhelos del Instituto del Fondo Nacional para la Vivienda de los Trabajadores (Infonavit), el proyecto "Laboratorio de Vivienda" puede manejar todos estos elementos a la vez.

Primero, con respecto a la arquitectura y el urbanismo. El proyecto se ubica en Apan, un municipio pequeño en el estado de Hidalgo, en la parte central de México, al noreste de la Ciudad de México, y está diseñado para desarrollar tanto prototipos nuevos para vivienda unifamiliar, como un modelo nuevo de urbanismo. Sin embargo, en este "Laboratorio" se re-estructura el proceso tradicional de diseñar un jardín urbano. Se reunió un grupo de arquitectos, a cada uno de los cuales se

relationship with a city, street, and neighboring house. Or that it might even be repeated again and again. But they are given no specific plot, no specific context beyond a request to consider the different climatic conditions of Mexico. Then MOS comes in, and is asked to think about how all these buildings could coexist together in a master plan for a new type of urbanism: a collection of houses placed together in a meaningful way, to form a new community. So this time, the urbanism that comes after architecture is thought through and designed, at least to a certain extent. The work of MOS is then indeed to work with these architectures as found elements, and to find compelling reasons to group them, articulate them in clusters, face them one to the other… Maybe this reversal is the only way to get an open and unexpected result.

MOS proposes to conceive this exemplary urban plan as a large garden, delimited by an embankment and divided into five large sections (in relation to different climates) by four paths. A more circuitous path traverses the estate

le contrató para diseñar una vivienda unifamiliar, conscientes de que los proyectos no iban a quedar aislados e iban a relacionarse con una ciudad, una calle, y una casa contigua. También conscientes de que existía la posibilidad de que se repitiera una y otra vez. Sin embargo, a los arquitectos no se les dió un terreno específico, no tenían un contexto específico, más allá de la petición de que tomaran en cuenta las diferentes condiciones climáticas de México. Posteriormente, intervino el estudio de arquitectura MOS, y pidió que se reflexionara sobre cómo pueden coexistir todas estas construcciones, en un plan maestro para desarrollar un laboratorio de vivienda experimental: se reunieron los conjuntos de casas de una manera que hiciera sentido, para formar una comunidad nueva. Así que en esta ocasión, por lo menos en cierta medida, el urbanismo se diseña una vez que se ha reflexionado y diseñado la arquitectura. El trabajo de MOS es enfrentar estas arquitecturas como elementos encontrados, e identificar razones convincentes para agruparlas, para articularlas como conglomerados, confrontar las casas entre sí ... Puede que realizar esta

longitudinally. Being in a garden, the rules are different from those in the city, and they lead to a new relationship between buildings: houses do not face sidewalks or each other; the traditional street and rear facades disappear; property lines between one house and another blur. The intention of the garden as a settlement model is reinforced by vertical elements, a fountain and a round planter, which punctuate the urbanism and will be associated with each house consistently throughout the plan. MOS also designed the main entrance to the estate, a linear building hosting services for this new housing laboratory. The garden then performs on two different levels: on one side as a valuable solution to the problem of putting this collection of houses together, by creating a condition to discover and speculate on them as model homes (with the same wonder you might have in a botanical garden or a zoo, imagining the next species), and on the other as a suggestion for another type of urbanism, one that is scalable, that could integrate natural elements or even existing buildings, and that could be both added to an existing city or the starting point for a

reversión del orden entre arquitectura y urbanismo sea la única manera de obtener un resultado abierto e inesperado.

MOS propone concebir este plan urbano ejemplar como un gran jardín, delimitado por un terraplén, y dividido por cuatro senderos en cinco secciones de grandes dimensiones (relacionadas con diferentes climas). Un andador más sinuoso atraviesa el proyecto longitudinalmente. Al estar ubicado en un jardín, se siguen reglas diferentes de las de una ciudad, resultando en una relación nueva entre las construcciones: las casas no dan a una banqueta ni se encuentran una frente a otra; desaparecen tanto las calles tradicionales como las fachadas posteriores; se desvanecen los linderos de la propiedad entre una casa y otra. La intención del jardín como modelo de asentamiento humano se ve reforzada por fuentes y jardineras circulares, que se esparcen por el entorno, y, de manera consistente, se asocian con cada una de las casas a lo largo y ancho del plan. MOS también diseñó la entrada principal al proyecto, una edificación de servicios lineal para

new urban center. And all this against the backdrop and specific quality of the garden itself, which ultimately proposes what the basic level of infrastructure for a low-income settlement today should be.

So this time architecture and urbanism deliver something together. And even if they were not thought about together during the design process, now the buildings need the garden and the spine building, and the garden needs the buildings and their consistency in terms of materials and scale.

The idea to structure the urbanism with a strong presence of nature and the very concept of a "Laboratorio" for housing connects the project to a set of historical references; for example, Le Corbusier's neighborhood in Pessac was also an experiment in housing and a reflection on the garden city model. But while Pessac still relied on fixed types for architecture (tower, zig-zag, arcade house, *quinconce*, twin houses) and modern ideas for urbanism (geometry, grids, streets, repetition), MOS's proposal is based on

este nuevo laboratorio de vivienda. El jardín actúa a dos niveles diferentes: por un lado, es una solución valiosa que permite conjugar este conjunto de casas, a través de crear una condición para irlas descubriendo y especular sobre ellas como casas modelo (despertando el mismo asombro que un jardín botánico o un zoológico, donde uno se va imaginando como va a ser la siguiente especie con la que uno se encuentre), y, por el otro, consiste en una propuesta de otro tipo de urbanismo, que se pueda aplicar a diferentes escalas, que pueda integrar elementos naturales o incluso construcciones que ya existen en las inmediaciones, y que se pueda incorporar a una ciudad existente o ser un punto de partida para un centro urbano nuevo. Todo esto con la cualidad específica del jardín de trasfondo, el cual, en última instancia, propone como debería de ser un nivel básico de infraestructura para un asentamiento humano de bajos ingresos en la época actual.

En esta ocasión, la arquitectura y el urbanismo están produciendo resultados de manera colaborativa. Aunque no hubieran sido planeados de

a very different model of urbanism related much more to the notion of a vernacular or picturesque ensemble. Here things connect via immediate relationships, and not through the repetition of exceptional buildings or walls that group things by separating them.

Architecture and urbanism here both perform an additional, self-conscious role: shaping an educational or inspirational housing laboratory. How do you improve the quality of architecture and induce a new sensibility toward material, construction, and landscape techniques? How do you move toward building new communities that are not just the obsessive repetition of streets of the same raw houses? The overall "Laboratorio de Vivienda" project, with MOS's plan and the housing designs of the 32 architects, aims to respond to this ambition. We could inscribe the neighborhood in the history of model-housing estates, but at the same time we could imagine this one as a real example, easy to accept because it already takes into account the real conditions: the construction possibilities available within a

manera conjunta durante el proceso de diseño, las construcciones necesitan del jardín y el edificio central, y el jardín necesita de construcciones consistentes, en términos de los materiales y la escala.

La idea de estructurar el urbanismo con una fuerte presencia de la naturaleza y el concepto mismo de "Laboratorio de vivienda experimental" vincula el proyecto con un conjunto de referencias históricas, por ejemplo, el vecindario de Le Corbusier en Pessac, Francia que fue también un experimento en vivienda y una reflexión sobre el modelo de ciudad jardín. Sin embargo, mientras que Pessac se seguía basando en tipos fijos de arquitectura (la torre, el zig-zag, la casa pasaje, el quincuncio, las casas gemelas) e ideas modernas sobre el urbanismo (la geometría, cuadrículas, calles, repetición), la propuesta de MOS se basa en un modelo de urbanismo muy diferente relacionado más bien con la noción de lo vernáculo o el conjunto pintoresco. Aquí las conexiones entre los diferentes elementos se da a través de las relaciones inmediatas, y no a través de la

low budget, references to current and vernacular Mexican architecture. The urban plan steps away from its modern precedents; it does not pretend to offer a striking new aesthetic, distant from reality, but instead plays with the existing situation to provide a new image, both in the buildings and in the way the community settles in.

And whether it exists just once, or is eventually repeated or copied, this time architecture and urbanism might indeed deliver what they promised.

repetición de edificaciones excepcionales o de muros que agrupan diferentes elementos a través de separarlos.

La arquitectura y el urbanismo aquí desempeñan una función adicional propositiva: configurar un laboratorio de vivienda educativa o inspiradora. ¿Como mejorar la calidad de la arquitectura e inducir una nueva sensibilidad hacia lo material, la construcción, y las técnicas de paisaje? ¿Cómo pasar a construir comunidades nuevas que no sean tan solo una repetición obsesiva de calles con las mismas casas en bruto? El proyecto general "Laboratorio de vivienda", con el plan de MOS, y los diseños de viviendas de treinta y dos arquitectos, busca responder a este anhelo. Este urbanismo puede llegar a formar parte de la historia de los modelos de fraccionamientos habitacionales, pero, a la par, podemos imaginarlo como un ejemplo real, fácil de aceptar porque toma en cuenta las condiciones reales: la construcción de posibilidades disponibles dentro de un presupuesto bajo, con referencias a la arquitectura actual y vernácula de México. El plan urbano se

aleja de los precedentes modernos; no pretende ofrecer una estética nueva impresionante alejada de la realidad, en vez juega con la situación existente para dar una imagen nueva, tanto de las construcciones como de la forma en la que se asienta la comunidad.

Si llega a ser una construcción única o se le llega a repetir o copiar, esta vez puede que la arquitectura y el urbanismo sí cumplan lo que prometen.

Laboratorio de Vivienda

Published by
Actar Publishers, New York,
Barcelona
www.actar.com

Distribution
Actar D, Inc. New York, Barcelona.

New York
440 Park Avenue South, 17th Floor
New York, NY 10016, USA
T +1 212 966 2207
salesnewyork@actar-d.com

Barcelona
Roca i Batlle 2
08023 Barcelona, Spain
T +34 933 282 183
eurosales@actar-d.com

Laboratorio de vivienda
First edition, 2024
ISBN: 978-1-63840-112-4
Library of Congress Control
Number: 2023948338

Editors
MOS (Michael Meredith, Hilary
Sample, Cyrus Dochow, Paul
Ruppert, Fancheng Fei, Michael
Abel, Mark Acciari, Ben Dooley,
Jarincy Flores Rodriguez)

Translators
Isidoro Michan-Guindi,
Juan García Mosqueda

Graphic Design
Studio Lin, NYC

Collaborators
Susana Pantoja Lara, Gerardo
Galicia, Ricardo Agraz Orozco,
Jorge Luis Ambrosi Sánchez,
Gabriela Etchegaray, Bernardo
Luis Rogelio Gomez Pimienta
Magar, Juan Carlos Cano Aldana,
Paloma Vera, Marcel Sánchez
Prieto, Adriana Cuellar, Pablo
Perez Palacios, Alfonso de la
Concha Rojas, Derek Stephen
Dellekamp González Ullola, Jachen
Schleich, Félix Eugenio Sánchez
Aguilar, Ana Fernanda Canales
González, Francisco José Pardo
Rembis, Fride Escobedo Lopez,
Lourdes Belen Springall del Villar,
Julio Gaeta, Margaret Griffin, John
Enright, Jose de Villar Martínez,
Carlos Chacon Pérez, Juan
Bautista Carral O'Gorman, Aurelio
Nuño, Carlos Mac Gregor, Clara
Yolanda de Buen Richkarday,
Jackilin Hah Bloom, Florencia
Pita, Abel Pereles, Wonne Ickx,
Carlos Alberto Bedoya Ikeda,
Michael Rojkind Halpert, Rozana
Montiel Saucedo, Russell N
Thomsen, Carlos Moran, Juan
Rafael Martin Gutiérrez, Mauricio
Rocha Iturbide, Gabriela Carrillo,
Israel García Rodríguez, Alonso
de Garay Montero, Enrique Norten
Rosenfeld, Tatiana Bilbao Spamer,
Alberto Kalach Kichik, Andrew
Zago, Christoph Zeller, Ingrid
Moye Verduzco, Felipe Orensanz
Escofet, Rodrigo Duran, Giovanna
Borasi, Michael Meredith, Hilary
Sample, Alex Lin

Instituto del Fondo Nacional de la
Vivienda para los Trabajadores
David Penchyna Grub, Carlos
Zedillo Velasco, Mario Macías
Robles, Sebastián B. Fernández
Cortina, Rafael Riva Palacio
Pontones, Omar Cedillo
Villavicencio, María de la Luz
Ruiz Mariscal, Jorge Alejandro
Chávez Presa, Elías Saad Gánem,
Alejandro Somuano Ventura,
Gustavo Reséndiz Serrano, Hugo
Rubén Pérez Ramírez, José Luis
Anton Alvarado, Rubén Alberto
Bravo Piñán, José Manuel Pelayo
Cárdenas, Oscar Augusto Lopez
Velarde, Arturo Núñez Serrano,
Fernando Diarte Martínez,
Alejandro Gabriel Cerda Edmann,
Arturo Garcia de Leon Pereyra,
Jesús Rodolfo Aguirre, Alejandra
de la Mora, Luis Alberto de Leon,
Carlos Farah, Javier Garciadiego,
Álvaro Hernández, Alfonso Pérez,
María de Lourdes Suárez, Julia
Gomez Candela, Alfredo Phillips
Collantes, Fernando Velasco
Mora, Juan Fronjosa Aguilar, Hugo
Gutiérrez Gutiérrez, Fernando
Santillán Carrillo, Rafael Ignacio
Cardona Gutiérrez, Lizbeth
Zetina Mijares, Brenda Lopez
Palafox, Josefa Díaz Cardoso,
Xanat Morales Ramírez, David
Israel Romero Ramírez, Dafne
Guadalupe Oliva Barron, Raúl
Jiménez Alvarado, Emmanuel
Carballo, Francisco Ceballos,
Luis Jeremías Diez Canedo,
Rafael Escandon, Lydia Josefina
Hernández, Erik Márquez Larios,
Mariana Lugo, Víctor Romualdo
Minero, Ethel Coral Muro, Luis
Alfonso Olivares, Rosa María
Ortiz, Martha Imelda Pacheco,
Judith Soto Pérez, Maria Esther
Rodriguez, Karina Sedeño, Karla
Gabriela Aguilar, Rebeca Aguirre,
Lucio Bernal, José de la Luz
Esparza, Jesús Salvador Esparza,
Selene García, Mario Enrique
Gutiérrez, Armando Hashimoto,
José Arturo Hernández, Rogelio
Hernández, Javier Gustavo Lopez,
Irma Berenice Martínez, Nora
Judith Núñez, Esmeralda Nadxialy
Reyes, Luis Roberto Ruiz,
Rodrigo Solé

Additional support provided by
Princeton University School
of Architecture and Columbia
University GSAPP.

This publication is made possible
in part by the Barr Ferree
Foundation Fund for Publications,
Department of Art and
Archaeology, Princeton University.

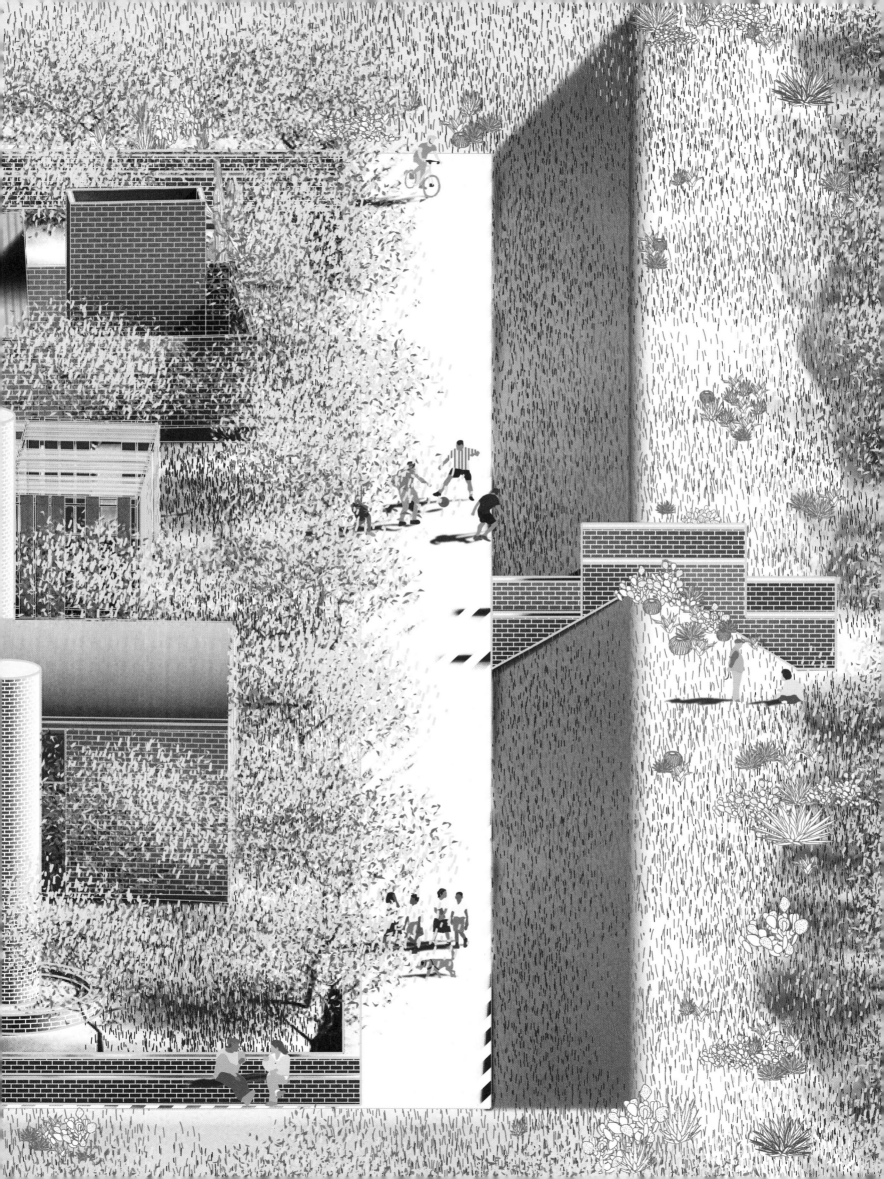